# 這樣說話很傷人

## 關於白目、討人厭與情緒勒索的毒舌辭典

作者——王高來

譯者——張雅眉

## 目錄

## Chapter 2 聽覺篇

## 聽著聽著就讓人打冷顫

## Chapter 3
## 味覺篇
# 既令人倒胃口又想狠揍對方一拳

## Chapter 4 視覺篇

## 真可怕！令人不忍卒睹

## Chapter 5 觸覺篇

## 恐怖喔恐怖！讓你全身寒毛直豎

作者序

# 早知道就不該那樣說

「你聽了可別不高興。」

言語所產生的影響，不會只停留在說話的那瞬間。

「我這麼說都是為了你好。」

因為說過的話都會被記住，成為某個人的記憶。

「所以我不是早就跟你說過了嗎？」

這些記憶匯集起來，會影響一個人的日常，甚至他的人生。

「我只是實話實說啊！」

也就是你所說的話，可能改變某人的一生。

「**就憑你？不會吧？**」

與其說傷人的話，我們應該更努力說好話。

「**一看就知道了，都差不多嘛！**」

問題就出在那些不知道對方說那些話的本意是好是壞、意思聽起來很模糊的話語。

但如果真要分類，應該可以說是「討人厭的話」吧？

「責備的話」和「討人厭的話」是不同的。

「**你爸媽是用這種方式教你的嗎？**」

這是責備的話。說話者的用意已經很明顯，也知道自己的話語充滿毒素，絕大部分的人聽到後都會瞬間被激怒。

帶有責備語氣的話猶如有毒的箭，在射出去後，就會牢牢插進對方的心中。除非早就看對方不順眼，存心想搞砸關係，否則我們多半會將傷人的話放在心底，就算不小心脫口而出，也會立刻察覺自己失言並向對方致歉。

但是同樣的內容，如果用討人厭的話加以包裝，企圖欲蓋彌彰予以掩飾，狀況就會變得不同。

「**你聽了可別不高興。不過你爸媽是什麼樣的人啊？**」

討人厭的話就像是針，它不像箭矢那樣會顯露在外，而是刺入肺部深處，隨著血液運行進入體內，要將之排出體外很困難。而那些言語會留下不愉快的印記，還可能將之前數百句好話累積起來的好感全都抹煞掉。

有些話可能說者無心，沒有惡意，只是一時心直口快，但別人不會因此認為你性格直爽。聽了你說的話，所感受到的傷害，立即就會在他的表情或情緒上反應出來。

本書搜集了四十八句與白目、討人厭及情緒勒索有關的話語，將之經過分類與歸納成「毒舌辭典」。整本書的架構按照言語的影響力和強度，以五種感官作為主題來區分。

第1章　嗅覺篇：這些話會不自覺散發出令人討厭的氣息。
第2章　聽覺篇：聽著聽著就讓人不自覺打冷顫。
第3章　味覺篇：聽了既讓人倒胃口，又想揍對方一拳。
第4章　視覺篇：在一觸即發的爭執下又火上加油，令人不敢看接下來會發生什麼慘事。
第5章　觸覺篇：對方的話會令人全身寒毛直豎。

你可以先從目錄中選出感興趣的文章跳著閱讀。不過，本書是按照言語所造成的破壞力道由輕至重排列，越到後面的章節，收錄越多在親密關係中容易說出的惡毒言詞，所以如果按照順序閱讀，就更能體驗到情緒的高漲。

另外，本書的副作用如下：你可能會赫然發現自己無心說出的話在別人聽起來是多麼刺耳，而感到十分羞愧與自責。另外，還會警覺到表面上看似對你不錯，但突然說出讓你傻眼的話的那些人，心裡究竟有什麼意圖，進而認清他們的真面目。

本書並沒有什麼了不起的新發現或神奇妙方，所有的文章都只是出自一個觀察入微、小心謹慎之人的視角。但畢竟是探討傷人的話語，所以我也用有點討人厭的語氣來撰寫，如果這樣的書寫方式令你不舒服，或怒火中燒，希望大家能諒解。日後當你忍不住想脫口說出那些話時，希望你能想起在閱讀本書時所感受到的情緒。

語言很有力量，就看你要讓人感覺溫暖還是心寒。請記得：說話時把別人當成自己，說自己想聽的話；若是自己不想聽到的話，就不要對別人說。我期待各位讀者都能忍住不假思索、口無遮攔的衝動。

Chapter 1

# 嗅覺篇

## 不自覺就散發出令人討厭的氣息

在日常生活中，大家可能都會不經意脫口而出，
但任誰聽了都不會開心的那些話。

# 你臉色不太好耶！

——微笑地說著對方發生的壞事——

那天，我在鬧鐘響之前就醒了，起床時神清氣爽，一點也不愛睏。洗完臉後，更加精神奕奕。我看著鏡子裡的那張臉，覺得五官看來特別立體，還頗為俊俏。一大早就有好心情，想必今天會是美好的一天。

由於離上班時間還早，因此我多花了些心思挑選衣服。如果有同事問我是不是晚上有約，所以才特意打扮，我該怎麼回答？我出門前還煩惱著會不會發生這種事。

這股喜悅一路延續至公司。鄰座的同事進辦公室，我們聊了幾句，然後他突然擔心地看著我，問道：

**「你臉色不太好耶！是不是發生什麼事嗎？」**

什麼?!我現在可是處於最佳狀態耶！但這樣否認好像不太禮貌，怕辜負對方一片好心，所以我動了動腦筋，試圖編出根本不存在的煩惱。

**「不曉得是不是因為今天比平常還早起的關係……可能沒睡飽吧！」**

有時我們會以對方的氣色或外貌為問候語。若對方只是純粹想表達關心之意，這麼說倒也無妨，不過被問的人聽起來基本上都不會太開心，並在心裡暗想：「怎麼了？我今天有怎麼樣嗎？我看起來真的很糟嗎？」

言外之意

## 「你今天看起來特別糟耶！」

會以這句話作為閒聊話題的人，多半只是他們打招呼的一種方式。但這樣的問候，也會讓對方感受到「心理暗示」的力量，在聽了之後不斷攬鏡自照，仔細端詳自己是不是真的愁容滿面，甚至還會覺得自己四肢無力，好像的確生病了。

如果對方果真有煩心事，可能也會因為你這句話而轉移了原先苦惱的焦點。但你該不會誤以為這真是能讓人暫時忘卻煩惱的名言佳句吧？在這種情況下，就像是在你的胳肢窩搔癢而讓你忘記原本的頭痛，只是聲東擊西地轉移了煩心的焦點。

情境實例

「嗨！你好。最近好嗎？」

「是啊，還不錯。你好嗎？」

「很好啊！可是我覺得你看起來臉色不太好耶，是不是發生了什麼事啊？」

「什麼？喔，對啦，是有點忙……」

某個偶爾會跟我一起開會的客戶，每次見到我時都會寒暄幾句後就說這種暗示我看起來很憔悴的話。我和他大約每個月只有一小時業務上的往來，完全不熟，照理說他根本沒必要關心或者好奇我的健康。他只不過是在見到別人時，就會不假思索地以對方的外表作為問候語。

「不是吧，你的臉色非常不好，真的沒事嗎？」

「喔……嗯，真的沒事啊……」

「不對，不對。這一看就是有事的臉，如果沒事的話怎麼可能這樣！你發生了什麼事吧？」

「……」

像這樣，不斷追問對方究竟有什麼煩心事，只會讓人更困窘，尷尬得不知所措，於是只好編造一些稀鬆平常、任誰也不會想繼續探問的理由。

僅憑一個人的外貌就以負面方式論斷對方的心情，即使是出於關心，聽起來也會像詛咒，很令人反感。

**溫馨提醒**

說這句話會使人「上癮」，因為它可以有效填補聊天的空檔。對方在聽到後，會想辦法解釋他為什麼看起來疲憊或心情低落，而你又會像是忘記對方才剛說過的答案，再次重複類似的問句。

除非對方明顯身體不舒服需要幫助，否則千萬別用假設性的累或不累、好或不好的方式跟人打招呼。

這樣說會更好

一、如果真的擔心對方，請避免用「臉色看起來不好」這句話，直接詢問對方的狀況會比較恰當。例如：

**「最近過得如何？沒什麼事吧？」**

如果用「最近、近來」，而非針對當下的狀況，就不會讓對方覺得你只是在直白地表達內心的感受，而能感受到你的關心與誠意。

假若對方的狀態真的不太好，請務必另外找時間私下跟他聊聊，聆聽他的心事。此外，先坦誠說出自己的煩惱也是很不錯的方法：「**我是這樣這樣，你呢？有什麼煩心事嗎？**」

二、在利用對方的外表作為開場白時，也可以使用正向的表達方式。例如：

**「你看起來很不錯耶！有什麼好事嗎？」**

## 你是不是發生什麼不好的事？

**破壞力** ★☆☆☆☆
**後座力** ★☆☆☆☆
**習慣使用度** ★★★☆☆

**類似說法：**

# 你臉色怎麼這麼難看
# 你有什麼事吧
# 不對，你鐵定有事

**正面表達法：**

# 最近過得如何
# 你氣色看起來不錯耶

# 你長得很像某人

## ——你會聽到別人這麼說是理所當然的——

我這輩子曾聽說過我像三個人。其中一個是搞笑藝人，一個是電影演員，另一個則是政治人物。其中，長得像電影演員可能會讓人誤會我有瀟灑帥氣的外型，但那位演員也是走搞笑路線。總之，都是在聽到對方這樣說時，不會讓人開心到想鼓掌的人。雖然這樣說，對跟我相像的當事人有些抱歉。

聽到這種話時，會產生兩種截然不同的心情。第一種是開心，這代表「我長得與某人相像」這件事能成為聊天的話題，炒熱氣氛，讓周遭的人感到快樂。能讓別人開心，我也滿高興的。

另一種心情則是不太舒服。這兩種天差地別的情緒差異在於：我是帶給他人歡樂，還是變成他人的笑柄。

要巧妙地在兩者間遊走並非易事。假如我聽到別人對我的長相品頭論足，只是微笑以對不以為意，但對方卻無法適可而止，執意要解釋相像的理由；（其實結論就是我長得醜嘛……）或是在有陌生人的場合，拿這件事開玩笑時，只會讓我覺得尷尬。但因為不想當個解 High 的人，碰到這些情況時，我通常都會保持笑容，因此對方並不會知道我內心真正的想法。

此外，「長得像」這句話其實還有其他涵義，並不只是單純代表「長得好看／不好看」。

**言外之意**

**❶ 雖然你聽了可能會不高興，但我覺得真的很像啊！**

說這句話之前，最好考慮到聽者被和這個相像的人放在一起比較是否會在意。

舉例來說，如果某人讓你想到希特勒、咕嚕或連續殺人魔，想必你也不會說出來，因為你知道這種比較對對方來說就是一種侮辱。

至於「是否在意與某人比較」的標準，是由說話的人決定的。因此，在「長得像某人」這句話中，要傳達的不全然是該對象很帥氣或很漂亮這種會讓人心花怒放的內容（因為我從沒聽過別人稱讚我，所以並不是那麼確定，但大致上應該都是這樣）。

例如，即使對方的眼睛讓你聯想到張東健的深邃雙眼，因此說他長得像張東健，但對於很討厭自己有雙銅鈴大眼的人來說，聽起來就未必是讚美。同理，當你因為某人知性優雅的氣質而說她長得像金高銀時，可能會讓對方誤以為你是在暗諷她有著自己最不滿意的單眼皮。

因此，與我根本是八竿子打不著邊的人，但對方卻認為顏值相似的時候，我會覺得他只是要批評我的外貌。此外，就算真的相像，我也不可能比那些人優秀，即使有張明星臉，也不過是「普通版的張東健」、「相似度百分之九十的金高銀」等這種聽了也不會高興的比較罷了。

情境實例

**「提到鎮洙啊，你們不覺得他長得很像乾掉的青椒嗎？」**

**（周圍的人大笑）「喔！真的耶！好像能明白你的意思。」**

熟悉這種類比技巧的人還會發揮創意，活用屬於「非人類」的事物，來表達相似之處何在。

**「欸？我嗎？哪個部分？」**

**「一看就很像啊！哈哈」**

即使說話者未說明為何「人」會跟「（乾掉的）植物」長得相似，因此無法理解對方究竟是怎麼想的，但這樣無厘頭的比較，會讓聽者感到莫名其妙，又或覺得受傷。

**「而且，智賢和鎮洙也真的長得很像耶！」**

當長相近似的兩人就在面前時，可以產生立即對照的效果。這跟以遠在天邊、未曾見過本尊的名人或藝人為範本比較時，又是不同的感覺。

被比較的人大概會小心謹慎地表達內心的想法，說些中立、不得罪人的話，讓當下的氣氛不至於太尷尬：「是喔？真的嗎？」如果個性比較直的人，可能會半開玩笑地說：「幹嘛這樣說啊！這樣讓我心情很差耶！」但不論是哪種反應，都會讓人心裡不太好受。「什麼？竟然說我長得像乾青椒的那傢伙？」

**言外之意**

**❷ 其實你並不特別。**

這世上沒有人是長得完全一模一樣的。「長得像某人」這句話會讓人覺得自己是可以輕易被歸類的，沒什麼個人特色。說話者根據對方的五官、臉型，再以自己的方式加以評斷，並找出對方與說話者自己認為相似之人的共同點，光是這件事就會讓人覺得不舒服。（試想他人把你放在顯微鏡底下檢視，拿你和媽朋兒*比較，會有助於你快速理解這個狀況。）

**溫馨提醒**

但凡聽到「你長得很像某某人」時，多半會覺得有壓力。原因並非出在「與自己相似的那個對象」，而是「長得像」這句話本身就有問題。

每個人都希望自己是獨一無二、與眾不同的，被這樣說會覺得自己有張大眾臉，被稀釋掉獨特性，想必聽了心情也不會太好。

＊韓國的流行語，為「媽媽朋友的兒子」的縮語，因為許多媽媽常說：「我某某朋友的兒子成績好，人又長得帥。」不停誇讚別人的小孩。意指長得帥、家世好又聰明，所有條件都很好的人，通常也是媽媽們心目中理想的女婿人選。

---

## 你長得很像某某人

---

**破壞力** ★★☆☆☆

**後座力** ★★☆☆☆

**習慣使用度** ★★☆☆☆

**類似說法：**

# 你一定常聽別人這樣說吧

# 我好像經常看到你這種大眾臉

---

# 我只是開玩笑啦！

## ——這樣說能賦予自己豁免權——

我認為幽默感很重要，也很喜歡風趣的人，只是這種想法與我展現幽默的能力高低無關。

例如，我常興致勃勃地開了個玩笑，對方卻沒聽懂，或是做出不冷不熱的反應時，我就會納悶著：「怎麼聽不懂，我需要進一步解釋嗎？」到最後，還是得向對方說明那只是說笑。

「你是臉太大，還是肩膀太窄？」

「嗄？你說什麼……」

「我只是開個玩笑啦！哈！」

不論說者原先的用意是想讓人家開心，或只是覺得好玩隨口說說，當我們因為他人的玩笑話而覺得內心受傷，都會認為對方超越了對人應保持適當禮貌的界限。為了緩和弄僵的氣氛，發話的人只好辯稱那是玩笑話。

**言外之意**

**反正這只是玩笑話，你幹嘛那麼在意？**

「我只是開玩笑啦！」這句話，彷彿能讓說出傷人話的人擁有免責權。這麼說是利用聽者在還來不及反應之前，先讓自己置身於安全境地，然後思考下一步該如何自保。

為了化解當下尷尬的氣氛，聽者還得在說者所營造的安全空間中尋找解方，以免讓自己變成連玩笑都開不得的小心眼人物，又或是搞砸氣氛的冷場王。

臨場反應較慢的人，如果一時想不出應對之道，只能將這種「不該被當成笑話的笑話」當作笑話，假裝沒事，輕鬆帶過。畢竟「那只是開玩笑」嘛！認真就輸了。

情境實例

在講「只是開玩笑啦！」之前，表示已經先說出「不該講的話」。那麼，該如何得知什麼是不該講的話呢？有「反應確認法」和「自我判斷法」兩種。

「妳男友不是有錢人，對吧？」

「喂！你在說什麼啊？」

「開玩笑的啦！我是隨便亂說啦！」

像這樣，反應確認法是透過對方的反應來檢視自己說的內容是否屬實，主要用於一對一的對話中。即使你自認為講的話證據確鑿或不會讓人誤解，但如果對方聽到後卻不高興地臉色一沉，那句話依然會被歸類在不該講的話。

「聽說上次你沒去聚餐是跑去約會？」

「什麼？我嗎？」

（周遭的人）「哇～好羨慕喔！」

「那天是我家人的生日。」

「我是開玩笑的啦！別當真啦！你也可以去約會啊，有什麼關係～」

「喔，好吧。隨你怎麼說吧！」

「別生氣啦，你知道我只是在開玩笑吧？」

另一種自我判斷法，是運用在需自行確認的狀況中，適用於好幾個人同時進行對話的情況。

當時可能是你為了活絡氣氛，把某人當作開玩笑的題材。即使對方把內心的不悅掩飾得很好，但你也會突然自覺到：「啊，我不該講這個」，而及時打住不再繼續往下說。

**溫馨提醒**

喜歡開這種破壞力十足玩笑的人，等事情發生在自己身上時，經常會暴跳如雷，指責對方怎麼能那樣說話。

如果你覺得別人對你隨口說說的玩笑反應過大，那麼請試著回想，當你聽到別人說令你不高興的話時是什麼感覺，這種事連幼稚園小朋友都做得到。

倘若這麼做了你還是無感，那我也沒辦法了，或許你應該去上〈我的孩子改變了〉*。

*韓國SBS電視台從二〇〇五年起放映至二〇一五年的教育性節目，內容主要是在教導父母養育小孩的正確方法。

**這樣說會更好**

不管是純粹只為了搞笑，還是不經過大腦就脫口而出，當你說出來的話讓人覺得不舒服或難過時，就應當道歉。很可能你的無心之言，會傷害對方一輩子。

即使當下沒有勇氣說抱歉，還是要把這件事牢記在心。晚道歉總比不道歉好，找個適當的時機，向對方誠懇地說聲「對不起」吧！

**「我是開玩笑的啦！」**

**破壞力** ★★☆☆☆
**後座力** ★☆☆☆☆
**習慣使用度** ★★★★☆

**類似說法：**

# 我只是隨便說說讓大家開心一下而已
# 拜託你有點幽默感吧

**正面表達法：**

# 如果讓你覺得不開心，我很抱歉

# 自古以來就是這樣啊！

## ——你應該這樣做才對——

自古以來，讀一本書時就應該從目次和序言開始，先瞭解整本書的架構。如果你跳過這樣的順序就先從正文開始讀本書，希望你可以回到最前面，重新開始讀起，因為自古以來這就是對作者基本的尊重與禮貌。

**言外之意**

❶ 就我所知，這是從以前就一直傳承下來的。

❷ 前人流傳下來都是正確的，所以你也要認同。

「自古以來」是人們對事情解釋不出個所以然時，就可以使用的一種詞彙。這麼迅速又斬釘截鐵，應該是CP值最高的一句話吧！

在社交場合中使用這個詞彙，會比起在朋友間閒聊談及更令人反感。這是因為朋友對你已有某種程度的瞭解，不會因為你說這句帶有強烈個人色彩的話語而與你對槓。然而，對你不太熟悉，往後大概也不想跟你深交的那些人，聽起來的感覺就不太一樣了。

當對方不認同你「自古以來」這種自以為是的觀點時，或許不會予以反駁，但這種理所當然、不假思索的說話方式，會讓對方思考與你們之間觀念的差異，認為既然彼此圈子不同，就別勉強融入。

情境實例

「自古以來，筷子本來就是要這樣拿才對啊！」

「自古以來」可說是萬用句型，不論什麼主題，像是「拿筷子的方法」、「鞋帶收尾的綁法」等日常瑣事，都可以拿來套用。

當這句話提及的內容和聽者的關係越密切時，所產生的破壞力就越強。若說「糖醋肉就是要加醬汁拌炒」和「拿筷子的方法」這類生活小事的力道是產生靜電的程度，那麼與價值觀有關的事物，破壞力大概就是皮卡丘釋放的一百萬伏特吧！

如果你不太認同本文一開始提到的「自古以來，書就是要按照順序閱讀」，但「自古以來這是一種對作者基本的尊重」這句話又讓你有點介意，就代表你察覺到這句話所產生的效果。你得判斷並做出決定，是要遵照這個說法，還是無視於「如果不照著做就是沒禮貌」的威脅。

**溫馨提醒**

即使是思想開明的現在，「自古以來」仍是人們在堅持己見時常用的詞彙，這充分展現出一個人僵化守舊、不願變通的心態。

當你這樣說時，或許對方並不認同你的看法。那該怎麼辦呢？或許你可以這樣想：至少你還能說出個人觀點，傳達自己偉大的人生理念，這樣也該覺得心滿意足了。

**換個做法會更好**

有些人在表達想法或解釋自己所知道的事情時，會以這句話作為開場白，但這是會令人產生距離感的不適當做法。如果你想要傳達訊息，「**就我所知**」會是比較適合的說法。

**「自古以來就是這樣啊！」**

**破壞力** ★★☆☆☆
**後座力** ★★☆☆☆
**習慣使用度** ★★★★☆

**類似說法：**
# 原本就是這樣
# 從以前開始就是如此

**弦外之音：**
# 我不認同你說的
# 這才是真理
# 未滿抓*

**正向表達法：**
#就我所知

＊韓國流行語「未滿標準的全都抓起來」的縮語，意指以某個特定對象為基準，強調該對象是最棒的，其他的人都比不上。

# 你現在還年輕，正是最美好的時候

——疼痛，才叫青春——

我們往往要在事過境遷才體悟到，絕大部分的經歷與體驗，都是人生必經的過程，回憶多半也是美好的。就連以前看來是天要塌下來快撐不下去的困境，或是你想逃避現實，不願面對問題的那些時刻，事後再回頭細想，就會發現：布滿荊棘的來時路，其實都富含能讓自己成長的養分。

假設有時光機可以讓人重返年輕，有多少人能斷然拒絕那樣的機會呢？如果可以，誰不想回到關節不因老化而發出喀喀聲響，不會才跑幾步就氣喘吁吁的昔日時光；以及即使現在看來幼稚無比，但光是聽到無腦笑話就能開懷大笑的年輕歲月？以前我曾經因著迷於電視劇，熬夜看了一整個晚上，雖然幾乎整夜沒睡，但第二天一早仍可以活力十足地出門和朋友見面，但現在只要晚上超過十二點，眼皮就會開始變得沉重。

相信年過三十的人，或多或少都會懷念精力充沛、輕易就能覺得開心的自己，看到正當青春的人們，會羨慕他們擁有自己曾大肆揮霍的時光，也忍不住想用過來人的身分對他們說：「你們現在還年輕，正是最美好的時候。」

**言外之意**

**❶ 我很懷念那個時期，所以很羨慕還年輕的你。**

出於羨慕而說出的話語，站在聽者的立場，會按照狀況而有不同的解讀。

我大學畢業後，曾在朋友剛開的咖啡廳幫忙好幾個月。創業維艱，剛開始著實度過一段黑暗時期。咬牙撐過草創階段後，終於客源開始穩定，生意逐漸步上正軌。

某天，我們邀請眾親朋好友到店裡慶祝。其中有位五十多歲的中年人，他看著開心不已的我們說：「你現在還年輕，正是最美好的時候。」

當時年方二十幾歲的我，沒能聽出那句話背後隱含的感慨和欣羡之情，反而覺得他在預告我們所擁有的快樂很快就會結束。

**❷再怎麼美好，總有結束的一天。**

如果你對比你年輕的人，在他順風順水時說這句話，無疑是潑他一盆冷水，因為這樣彷彿在暗示對方：「這種好光景持續不了多久的！」等到日後他也經過歲月的歷練，才能理解你的感嘆其實是要傳達羨慕之情，並期望他能好好珍惜當下。

就像我在上一段提到自身的例子，就是要告訴大家這句話可能導致誤會。我也是在多年後，才理解對方當初說這句話時的心情。（但如果你真的是要掃對方的興，那就另當別論了。）

**❸我是過來人啦！現在你也能體會那種感覺了。**

如果你對身陷低潮中的人說這句話，或許你想表達的是：「別在最能吃苦的年紀選擇安逸，年輕人吃苦就是福，現在的逆境終將過去。苦難其實是化了妝的祝福。」但對方能聽進去你的苦口婆心嗎？他可能完全無法感受你說這句話是代表鼓舞與激勵。

事實上，每個人的人生經歷不同，你曾遭遇的逆境跟對方正面對的挫折，是很難等量比較的。此外，即便有不堪回首的過去，隨著時移事往，把時間軸拉遠，我們多半也能視之為雲淡風輕的過去。畢竟，少提過去的傷心事，把專注力放在現在，日子才會比較好過。但還身陷困境中的年輕人，如何能感受到你以青春換取成長的心路歷程？

請思考自己是否會在有意無意間擺出「不聽老人言，吃虧在眼前」的高傲姿態，說出「**想當初……**」這類的話。在此奉勸各位：年紀大了之後，絕對不能做的就是說教、回憶和炫耀。當你那樣說時，就是集這三者的大成，討人厭的程度會瞬間爆表。

**換個做法會更好**

在需要對對方表達祝福時，就誠心獻上祝福；當對方需要安慰時，就溫柔給予安慰。羨慕他人就老實表示自己很羨慕；覺得自己現在過得不好，忍不住懷念起過往的日子，這些事情都大方承認就好，沒什麼好丟臉的。

如果拐彎抹角，不直接說出自己內心的感受，原本你的一片好意可能就會被曲解。

---

**「你現在還年輕，**
**正是最美好的時候。」**

---

**破壞力** ★☆☆☆☆
**後座力** ★☆☆☆☆
**距離感** ★★★★☆

**類似說法：**

# 我們那時候都是這樣
# 痛才是青春
# 即使如此，還是很不錯啊

**弦外之音：**

# 想當初我……
# 總有一天你會瞭解

---

## 想當初我……

### ——在我那時候啊……——

我曾被分配到在公司中眾所公認超級嚴苛的工作團隊中，那時我時時刻刻都處於精神緊繃的狀態。

幸而有位前任的小組長對我還不錯，他告訴我如果有困難，可以隨時跟他反映。在那個猛獸環伺的部門中，他是唯一猶如綿羊般溫馴的草食動物，就連長相看起來都和善無比。

某天，我覺得再這樣下去不行了，突然有種想把含在嘴裡的石頭吐出來，才能抒發內心鬱悶的感覺，所以就去找那位綿羊小組長。

我向他坦誠述說至今忍受的種種挫折：「我很想把工作做好，但不知道為什麼同事們都不好好跟我說就先罵我。他們叫我去跑腿買菸，我也忍下來了，但我想知道為什麼得花我的錢買。我不知道為什麼根本沒來上班的人，會變成『只是暫時離開座位』；當其他人的謊言被拆穿時，被當成箭靶的為什麼是我？」

綿羊小組長從頭到尾都沒打斷我，靜靜地聽我說完。暢所欲言後的我宛如卸下心中的大石，感覺既輕鬆又溫暖。最後他沉默了好一會，只悠悠地說：「想當初我那時候的情況比你更嚴重，現在這樣真的已經好很多了。你就再忍忍吧！」

他說完後拍一下我的肩膀，就離開座位了。

頓時，我感受到的善意瞬間消失，之前勉強通過喉嚨吐出的石塊，彷彿又被塞進嘴裡。

在前輩上司的眼中，你倍感辛苦的那些事，跟他那時候相比，根本微不足道。說不定他還覺得你根本就是草莓族甚至是躺平族，或許連從位置走到廁所都會覺得累也不一定。

所以如果有人因為雞毛蒜皮的小事向你訴苦，你就用「想當初我」來作為開頭回話吧！你將發現，要講的話會像轉開的水龍頭般自然流出，流暢到讓你懷疑自己何時變得這麼能言善道了。

## 言外之意

**老實跟你說，我曾經歷過的痛苦比你嚴重多了。**

我只是純粹在分享我之前碰到的狀況，對方的臉色怎麼越來越差呢？其實，你有必要理解當你說出這句話時讓對方聽起來的感覺。

你知道為什麼當一群男人聚在一起，只要有人開始講自己當兵時的往事，就有很多曾當過兵的人會七嘴八舌地搶著說「自己的軍中生活是史上最辛苦的」嗎？

理由很簡單，因為自己跟他人都經歷過的事，才能比較彼此程度的輕重。舉例來說：對曾罹患重感冒，全身骨頭痠痛到像快斷掉的人來說，在季節轉換時引發的支氣管炎根本沒什麼大不了；對遭遇過嚴重車禍的人來說，輕微的汽車擦撞事故沒有導致任何人傷亡，已經是不幸中的大幸了；

對於長期失業、窮到每天只能吃一碗泡麵果腹的人來說，上班族即使工作再辛苦，也是值得感恩的事。

對方對於你究竟耗費多少心力才晉升到現在這個位置、達到如今的成就根本毫不關心，他只會覺得你是要表達自己當初經歷過更多的艱辛困難，藉此顯示自己的辛苦是無人能及的。

當碰到這類愛倚老賣老的前輩說話時，就會讓人想立刻把耳朵關起來。

**溫馨提醒**

自以為是的人，總是固執己見，用自己過去的經驗和經歷來處理及看待事情，不願接受改變，也拒絕嘗試新事物。當有人提出合理的建議或疑問時，還會一味地死要面子堅持自身的觀點和立場，但其實他們已經開始對自己不能掌控的事情感到不安了。

當你對新同事說出這句話的時候，請回想自己剛進入職場時渴望獲得幫助的情景，以及看到那樣驕傲自大的老鳥時又有何感受。千萬別步上自己曾經討厭的那些前輩的後塵。

**這樣說會更好**

如果想用自己也是苦盡甘來的過來人經驗安慰對方，比起用「想當初我」這種說法，改成站在對方的立場，用「**可是你之前也曾經很辛苦啊**」會更好。

也就是利用對方曾克服困難的成功經驗，鼓勵他這次一定也能突破難關，並進一步為他打氣：「**因為是你，所以那時才能撐過去，相信你這次一定也可以！**」

## 「想當初我……」

**破壞力** ★★☆☆☆
**後座力** ★★☆☆☆
**距離感** ★★★★★

**類似說法：**

# 那根本沒什麼好嗎
# 有那麼嚴重嗎
# 你的反應也太誇張了

**弦外之音：**

# 你現在還年輕，根本不懂
# 有那麼困難嗎

**正向表達法：**

# 但你之前也成功過啊
# 因為是你（所以一定能做到）
# 更辛苦的事你也克服了啊

# 你懂我的意思嗎？

## ——一直問，我的耳朵都快長繭了——

「好，那麼1減1就會等於0。你懂我的意思嗎？」

「是，從1中減掉1時我會跟您說。」

「1就是1嘛！從這裡減掉同樣的大小，就什麼都沒了，所以是0。也就是說『減掉1』不是重點，『結果是0』才是重點。你懂我的意思嗎？」

「好，我會確認最後是不是變成0了。」

「如果改成2，就必須減掉2才會變成0，不是減掉1就一定會變成0的。這樣你懂我的意思嗎？」

當你只提出一個問題時，有些人會習慣性地從中衍生出十個問題，並不厭其煩地逐一說明。雖然這樣做比如同機器人不解釋演算的過程，只是直接丟出答案的人有誠意，但持續進行不必要的冗長說明，會令聽者不勝其擾。

明明已經聽懂了，為什麼還要不斷反覆說明呢？這是因為當下尚未達到讓解說者停止說明的標準。會滔滔不絕地描述一件事的原委，或一個概念性的需求，並樂在其中的人，通常這樣做會讓他們有高人一等的「專家優越感」。

**言外之意**

**❶ 我不相信你真的理解，你要給我信心，直到我覺得滿意為止。**

**❷ 如果我還不滿意，就會繼續講。**

請你試著站在說這句話的人的立場。為人親切的他，既專注又努力地對你解釋你的疑惑，他知無不言，言無不盡，想要說明到你能百分之百理解為止。

有時他們也會要對方從頭到尾照著說一次，以確認對方是否確實理解，一旦不符合自己「過關」的標準，他們就會重新解釋一次。

然而，不斷重複地反問，令對方感到不耐煩的程度也會劇增。

其實說這句話的規則很簡單，就是在說完後，先觀察對方的反應。如果你認為對方似懂非懂，那麼直到你覺得安心之前，都要進行「重新說明之後並予以確認」的步驟。

**「好，現在請你根據你的理解來向我說明看看。1減掉1之後會變成什麼？試著舉例到253就好。」**

**溫馨提醒**

❶沒有比聽別人不斷跳針講重複的話更痛苦了。或許你應該自我檢討，是不是自己的語言組織能力不好，表達得不夠清楚；或擔心自己講話沒重點。還是你純粹

覺得對方很笨，所以才要一直確認他有沒有聽懂。

❷你的說明越冗長、重複的次數越多，就會越傷對方的自尊心，因為這表示你對他充滿不信任與疑慮。

**這樣說會更好**

當你不確定自己的說明是否夠清楚時，可以稍作停頓，讓對方自行判斷是否需提出問題，或詢問對方是否還有不明白的地方，比如：「**你還有其他問題嗎？**」

如果對方表示已經理解，最多只要再補充：「**之後如果有任何問題，都可以隨時提出來。**」

---

**「你聽懂了嗎？」**

**後座力** ★☆☆☆☆

**厭煩度** ★★☆☆☆

**累積疲勞度** ★★★★☆

**類似說法：**

# 我這樣說你有瞭解嗎

# 你知道這是什麼意思吧

# 我應該可以相信你吧

**正向表達法：**

# 你還有其他的問題嗎

---

# 我說的話很難懂嗎？

## ──你講得那麼爛，還要我聽懂！──

處長正氣呼呼地說些什麼，後來他實在克制不住怒氣，把職員臭罵一頓，最後還忍不住補上一句：「**拜託，我說的話有那麼難懂嗎？**」

為什麼有人非得說出這種讓人聽起來很反感的話呢？

當我們向別人說明自己的意見時，有時會很難將心中真正的意思清楚表達出來。明明腦子裡有很多想法，卻不知該怎麼說，又或是解釋了半天，對方卻仍不明白自己要說什麼。

或許你就有這樣的經驗：當你發現自己說話結巴、缺乏邏輯時，耳垂會不自覺熱起來，還開始冒冷汗。而被對方察覺你不知所云，看到他眉頭緊皺時，你更會緊張到不知所措。

但還有一種人在自己無法清楚說明一件事，別人也聽得一頭霧水時，他會惱羞成怒，先發制人地把錯都推到對方身上，咬牙切齒說出這句充滿指責與否定意味的話語。

**言外之意**

**❶如果是有基本常識的人，能聽懂我說的話不是理所當然的嗎？你要嘛就是沒事心聽我講話，要嘛就是程度太差所以才沒聽懂。**

這句話是說話者認為：「我已經盡力表達了，如果聽不懂那就是你自己的問題。」既然錯不在己，自然就不需費力重新說明了。這句話和上一篇所說的「**你懂我的意思嗎？**」相比，各方面的CP值都相對更高。

也有人是用這句話來確認自己的說明是否不夠詳細，這樣做是認為「自身付出的辛勞」和「對方的理解程度」必須成正比，讓對方覺得他要對自己是否理解負起全責。

「這個部分要更動，但這樣等於整個架構都得改變，所以從這裡開始就要做好，因為這裡和剛剛那裡有關，得多花點心思。咦，不對不對，所以說呢，這個部分，嗯……」

「嗯……好的。」

「嗯，對了，這個部分已經按照位階重新分配了，所以那個，要加入數據庫裡。啊，我重新講一次，也就是說，這部分得變更才行。這樣做會影響一開始的資訊，就是這樣。喂，你怎麼沒什麼反應？我說的話很難懂嗎？」

「嗄？」

有個前輩很習慣把這句話當成口頭禪。當他要解釋較複雜的事情時，就會覺得自己講話好像拉拉雜雜，缺乏重點，沒有把意思充分表達清楚，所以會不斷重講，又或是反覆修正之前說過的內容，然後突然詢問對方自己講的話是不是很難懂。雖然不確定是因為前輩自己覺得面子掛不住而惱羞成怒，還是對方聽了一臉茫然而支吾其詞的反應讓他生氣，總之說這句話時的他已經很火大了。

雖說如此，但這位前輩算是善良的。有些人為了讓對方徹底服膺自己的想法，還會以此話來要脅對方。如同下面的例子。

## ❷「怎麼了？你不同意嗎？這沒得商量，反正你照著做就對了！」

當自己主張的立論過於薄弱，或是發現對方不想聽話照做時，他們就會採用這種暴力質問法，不斷重複丟出這句話。

「我說的話很難懂嗎？」

「嗄？沒有啊。」

「那你為什麼還想現在就下班？我都還在工作！我說的話有很難懂嗎？」

「那個，就像我上午跟您報告過的，今天我……」

「不要轉移焦點，我是在問你我說的話很難懂嗎？」

「什麼？不會。我明白您的意思，但我父母今天……」

「恩廷，我說的話很難懂嗎？」

「不會，我知道了，我懂了。」

「那就去工作吧！知道了嗎？」

如果想要展現主管的權威，這類人還會故意不把話說清楚、講明白，爛話還希望屬下能聽懂。

「金小組長，你把那邊層架上的文件拿過來。」

「是，啊……不過這邊有三個文件，全部都拿給您嗎？」

「吼，我說的話有很難懂嗎？直接拿過來就好！」

「好，知道了，三個都拿給您。」

「真是煩死了！藍色的啦藍色的！我隨便講你也要聽懂啊！你是怎麼聽的啊？」

「啊！知道了！」

**溫馨提醒**

明明是自己表達能力欠佳，卻還要用不耐煩的攻擊性語言指責別人，這樣會令人不是一般的反感，感覺被羞辱了。

如果你完全不懂得檢討，總有一天會有人對你回嗆：「把糯米糕拿去餵狗吧！*」那時你就後悔莫及了。

*「爛話聰明聽」為韓國的俗諺，字面上的意思是「就算我給你品質不好的年糕，你也要當作是高級的糯米糕。」在這裡是為了反擊對方，才會說「把糯米糕拿去餵狗」。

### 你可以這樣做

根據哈佛大學心理系的研究指出，如果將想說的話先寫下來，可以減少表達不夠清楚的可能性。因為藉由文字書寫方式整理想法的同時，可以預先練習察覺內容不太妥當，或對方聽了可能會不高興的話語，將之加以刪減或修潤，屆時就能更精準表達，說服他人。

此外，當腦中的想法還很混亂、無法具體成形時，這個方法能幫助你理出頭緒，不再原地打轉，坐困愁城。只要事先簡單記下你想說的幾個關鍵字，就能大幅降低說出地雷話語的機率。

如果你在對話前已先擬了草稿，但在向對方說明時，仍然覺得有不足之處，可以把「你聽懂了嗎」改成「**我說清楚了嗎**」，或是拿掉問句中的主語「我」，並把詢問的重點放在對方是否覺得有困難。例如：「**這些有不清楚的地方嗎？**」

## 我說的話很難懂嗎？

破壞力 ★★☆☆☆

後座力 ★☆☆☆☆

令人大腦短路程度 ★★★★☆

**類似說法：**

#難道只有我才會這樣說嗎

#這會很難嗎

**弦外之音：**

#正如大家所知的

#就常識來說

**正向表達法：**

#有不清楚的地方嗎

#需要再說明一次嗎

## 你竟敢！

## ——沒有我的允許，你居然敢這樣做！——

「你……你……你！你這傢伙，你竟敢！！！！！」

這是當擁有絕對權力的老闆，遭視為親兄弟的左右手背叛時咬牙切齒說出的話。他氣到怒目攢眉，滿臉通紅，雙手緊握拳頭，不知道是要表達憤怒還是出手打人。

我把落魄潦倒在路邊、差點餓死的傢伙帶回來供他吃住，還栽培他，他報恩是理所當然的，沒想到這個原本對我尊敬萬分、視我如天般崇高的傢伙，居然在我背後捅一刀。

我是怎麼對他的，他竟敢這麼做，怎麼可能？

**你做了在這段關係中不被允許的事。**

「你竟敢」代表說話者認為雙方在身分或階級上有差異，傳達出「在我們的關係中，你並不具有那樣的權利，搞清楚吧！」的意思；又或是認為「雖然我在這個關係中處於弱勢，但至少我還能決定你擁有什麼資格！」的憤怒，帶有不滿長期居於下位、總是被欺壓的心態。

我們什麼時候會用到這句話呢？在中世紀歐洲的封建制度下，如果你不具備諸侯身分，是很難有機會使用的。如果你想理直氣壯地吼出「你竟敢」這句話時，必須付出長久的時間和努力。

首先，你的地位要高人一等，就算不是貴為國王，至少也得是諸侯。如果沒辦法當上諸侯，最少也要是服侍諸侯的騎士，才擁有說這句話正當的權利。

成為騎士的方法如下：先假設你是農民的兒子，這個等級已經跟騎士差不多，所以我跟你講話時可以不拘禮節。如果你敢插話就完了，給我專心聽，因為我只會講一次。

到了七歲，你就要去騎士居住的城市開始接受訓練，還要侍候貴夫人，學習日常禮節。志願服務七年後，在十四歲會升等為侍從，那時你就可以跟在我後面，幫忙狩獵的工作了。很興奮吧？不過後來戰爭爆發，所以你得拿著長矛和盾牌辛勤地跟著我四處奔波，我手上的武器如果壞掉，你就要趕快把新的遞給我，當然前提是如果你在戰爭中能倖存的話。

等你二十一歲時，就能升等為騎士，此後你只要服侍諸侯。雖然總是要侍奉某個人這件事沒有改變，但不同的是，如果你覺得路過的農民發出的腳步聲太大招惹到你，那瞬間就會是你付出十四年辛勞開花結果的時刻。在深吸一口氣後從齒縫中迸出「你……你～～竟～～敢！！在我面前那樣走路！！！」

我們在路上，之所以不會因為自己走路的聲響就聽到別人對自己怒喊「你竟敢」，是基於在民主社會中，眾人都是平等的。因此，我們不會聽到、也沒機會說出這句話，說不定你至今根本都沒說過。

連使用時機都這麼刁鑽的詞彙，我還要在這裡特別解說的原因是，它並非一定要透過嘴巴說出口，有時候你的行為態度，就跟說出這句話沒什麼兩樣。舉例來說，如果你曾因心情欠佳而存心對餐廳的服務生找碴，那麼恭喜你，你等於使用了騎士的假想身分。又如果你曾對電話另一頭的客服人員口出惡言，那我要為你用力鼓掌，恭喜你成為諸侯。

**你竟敢！**

**破壞力** ★★★★☆
**後座力** ★★☆☆☆
**厚臉皮指數** ★★★☆☆

**類似說法：**
# 就憑你
# 你知道我是誰嗎

**相反詞：**
# 對不起，我竟如此大膽

# 其實〇〇都一樣啦！

## ——你就別再多想了，不會有例外的——

我曾經和計程車司機發生過爭執。當時我很累，只想閉目養神，但司機把音樂開得很大聲，後來又聽新聞廣播，對政治高談闊論。更可惡的是，我發現他還故意繞遠路。頓時我火冒三丈地與他理論，他卻一副理直氣壯的態度，還說我如果要申訴就請便，反正他一定要走那條路，要我別妨礙他工作。結果我只得支付比平常還多的計程車費用才能下車。

「唉，真是的，怎麼有那種惡質的計程車司機啊！」

隔天我跟同事說了這件鳥事，把心中的怒氣一股腦地發洩出來。不過同事似乎不太認同我的觀點，他淡淡地說：「你只是運氣比較差，遇到很糟糕的司機。」我有點不太高興，於是更強烈地表達自己的想法：「其實計程車司機真的都一樣啦！

開車時很不禮貌，還挑客人載，態度都很差。」

事隔許久，我才知道那位同事的父親就是計程車司機。

有很多標準能將人做不同的歸類，例如性格、血型、政治傾向或工作種類等。之所以把人加以分門別類，是因為我們能藉此知道彼此的差異，又或理解對方是什麼樣的人。

但也有許多人具有將別人「一般化」的傾向，例如看到某個人的個別行為，就不自覺地會連結到他的出身、職業、性別、年齡，隨手為人貼上標籤，據此分類、批評或歧視他人。又或過度輕易將人們歸類為樣貌相似的不同群體，覺得「〇〇人就是這樣！」習慣用簡單的偏見來解釋問題，甚至還希望他人也能跟自己站在「共同討厭」的同一陣線。

這種一竿子打翻一船人、過度簡化的想法，未免也太自以為是了。

言外之意

**❶ 我才懶得找出例外的情況呢！對這些人我就是這麼認為，你也別想說服我改變想法。**

說這句話的人，與其說是和他人分享自己對特定族群的想法，其實更是在對別人宣告，他放棄更深入瞭解該類型的人。

如果你想請這種人給予建議，無論是像聯誼時要穿什麼衣服的生活小事，或是與人生相關的重大決定，你都只會自討沒趣，因為他們非常主觀，也不願接受不同的看法，如果你跟他意見相左，說不定還會一言不合大吵起來。

**❷ 包含你在內的其他人是不是也屬於這個群體，我根本就不在乎。**

說這句話時也要冒點風險，因為這等於毫不留情面地對特定族群表達你的成見或刻板印象，但對方不一定會認同你的觀點。說不定現在正聽你說話的人，又或是他的家人或朋友，就屬於你批判的那個族群。

「你不覺得金小組長真的很不會做事嗎？」

「對啊，的確讓人覺得有些煩。」

「聽說他是某某大學畢業的，對吧？」

「對，沒錯。」

「從某某大學畢業的人，我就沒看過一個正常的。」

「（我妹妹就是那個大學畢業的……）」

其他還有一些類似的說法，像是：

- 「唉，我就說不要找女員工了。」
- 「你們男人連這點事都做不好嗎？」
- 「你已經長得很醜了，怎麼連個性都這副惹人嫌的德性啊？」
- 「就是因為你成天都在追星，人生才會變這樣！」

- 「開黑色大型轎車的人，沒一個正常的。」
- 「老人的反應就是比較慢。」

**溫馨提醒**

你說這句話可能會侮辱到對方所重視的人事物，同時也對你造成不利。

「從某某大學畢業的人當中我就沒看過一個正常的。」

「（我妹妹就是那個大學畢業的……）」

「啊，對了，你什麼時候要介紹你妹妹給我認識？」

**你可以這樣說**

仔細想想，其實我之前遇到的大部分計程車司機都是優良駕駛，很有禮貌。我之所以覺得當時的經驗代表大部分計程車司機的形象，是因為從大眾媒體得知的負面例子讓人印象太深刻了。

事後我自我檢討，認為在這種情況下，可以改用「**就我的經驗來說……**」把範圍縮小到個人親身經歷過的事情。純粹闡述自身的想法，就不會讓人覺得以偏概全，造成不必要的誤會。

## 其實○○都一樣啦！

**破壞力** ★★☆☆☆
**後座力** ★☆☆☆☆
**習慣使用度** ★★★★☆

**類似說法：**

# 一看就知道
# 每個人都一樣啦
# 即使沒親眼看到我也能想像

**弦外之音：**

# 你去問問看別人，就知道大家都是這樣想

**正向表達法：**

# 就我的經驗來說

## 其實我沒你說的那麼了不起啦！
### ——真的，就跟你說我只是運氣好——

**「大家對我很好。」**

我記得演員鄭雨盛某次受訪，面對「長得帥有什麼好處？」的提問時，他輕輕笑著如此回答。讓人感覺他除了謙虛之外，還很真誠，凡事都心懷感恩。是啊！如果能擁有那種外貌，應該任何人都會對他很親切吧？

**「沒有啦，其實我長得很普通。」**

如果他這樣回答會如何呢？我會想到自己「勉強還算普通」的長相，再看看鄭雨盛，然後心裡納悶著：「普通」的標準怎麼會這麼高呢？

我們的社會往往認為謙虛就是美德。在與他人相處時，謙虛是很重要的態度，因為這樣能避免我們陷入傲慢而使人不悅。

**言外之意**

**❶謙虛：尊重他人、不誇耀自己的態度。**

你為了自我充實，想讓自己變得更好，甚至還找了這本不怎麼樣（！）的書來看，就這點來推斷，你極可能是個謙虛的人，將來也會很優秀。這篇文章就是為虛懷若谷的你而寫的。

**❷我不想用這種方式獲得過高的評價。**

獲得眾人讚美反而會讓當事人覺得不舒服，又是什麼情況呢？

**「你竟然破格跳級升遷為最年輕的副理！真的好厲害！」**

「哎呦，其實我沒什麼了不起啦！只是運氣很好而已。」

有些人習慣貶低自己，在大家都給予正面評價時，他們會忙不迭地予以否認，但這種心態不能稱為謙虛。所謂的謙虛應該是「不誇耀自己的優點」，而非「只關注自身的缺點」。

認為所有成就都只是運氣或巧合，自己根本不配成功，這種現象稱為「冒牌者症候群」，是一種防禦機制。因為當他們必須證明自己的確有實力與資格獲得現在的功成名就，又或是在進一步的挑戰中不幸失敗時，抱持這種心態能減少他們內心遭受的衝擊與挫折感。其實這類型的人不是不夠好，而是害怕失敗。

如果你是這種人，我想告訴你的是，雖然你對自我能力感到懷疑，或認為自己不配獲得成功，但對某人來說，或許那就是他所夢想的未來，你就是他的榜樣，所以沒必要刻意抹煞他真的認為非常優秀的你，如果你能自信地接受這個事實會更好。

**你可以這樣說**

面對他人的稱讚，其實只要說句謝謝就好。如果要更進一步表達謝意，同時也讓對方感受你的喜悅，可以試試「**謝謝你這麼說**」。倘若你一定要以謙虛有禮的方式回應，可以反過來用讚美對方的方法。

「**你可以做得比我更好啦！我只是剛好有機會，所以先做到而已。**」

透過抬高對方的身價，相對就減低了自己的成就，這樣說在對方聽來，有雙方都被抬升的效果。

**其實我沒你說的那麼了不起啦！**

**破壞力** ★☆☆☆☆
**後座力** ★★☆☆☆
**反效果** ★★★★☆

**類似說法：**

# 我只是運氣好啦

# 沒有啦，我還差得遠哩

**令人尷尬的回應法：**

# 幹嘛那樣講啦，害我壓力很大

**正向表達法：**

# 謝謝你這麼說

# 對不起

## ──在某些情況下，還不如別道歉──

「我習慣凡事都先道歉。因為我以為只要有禮貌，對方也會善待我。不過經常道歉卻讓我身邊的人對我更不好，對他們而言，我就是個『經常犯錯的人』。有時候明明不是我的錯，但我還是道歉了，結果對方卻一副盛氣凌人的樣子，完全不懂得自我檢討。」

像這樣，有些人會習慣性認錯。這樣做在人多數情況下雖然能息事寧人，但有時也會讓自己覺得屈居弱者而心情變糟，而你出於善意的舉動，也可能會令對方更囂張，或許還會被譏笑是「好欺負的人」。

如果能瞭解在哪些狀況下道歉容易變質，就能用更正確的態度來應對。本文將介紹不需道歉的五種狀況。

狀況一：別人問了觸犯你隱私的問題。

「你結婚了嗎？」

「沒有。」

「為什麼？」

「喔……就……本來想先存錢，等二十八歲再結婚，不知不覺就這樣了……」

並不一定要說「對不起」才算是道歉，「覺得自己似乎犯了錯」的態度也帶有道歉的意味。

像是上述對話中的「為什麼？」詢問的是對方對於人生的選擇和態度，這是個很私密的提問。根據雙方關係的親疏程度，這種問題可能會讓人覺得是很沒禮貌的問題，然而聽者卻特意解釋自己的想法，就像是在替自己的選擇（「不結婚」這件事）道歉一樣。之所以會有做錯事的態度，是因為你也認為自己並未依循社會的期望與規範，朝大眾認定正確的方向行進。

如果你覺得對方的問話讓你覺得心裡很不舒服，或惹惱了你，就不需再多做回應了。倘若是聰明人，就能聽懂你簡短的回答代表什麼意思。

**「你結婚了嗎？」**
**「沒有。」**
**「為什麼？」**
**「不知道耶！」**
**「到底是為什麼？怎麼沒結？」**
**「我覺得『沒有』這兩個字已經回答你的問題了。」**

狀況二：當你還在追求夢想。

**「你有按時吃飯嗎？」**

**「有啊，就……隨便東吃西吃。」**

**「哎喲，我請你吃飯啦！多吃一點。你這樣生活多久了？你要堅持下去嗎？」**

**「大概有一年了，但我打算再繼續試試……謝謝你的關心。」**

在追求夢想的路上，有時生活會過得捉襟見肘，或許也會自我懷疑，為了不知究竟能否達成的目標而忍受辛苦，是否為明智之舉。這些失落徬徨、缺乏自信的想法都在所難免。

與其堅持自己有夢有理想而與對方爭論，還不如簡單表明想法並向對方致謝後，就趕快結束這個話題。因為正如對方所說的，自己目前還處於夢想未竟的路上，一切都是未定之數，沒有立場與對方辯駁。

不必要的道歉在對方看來就是在向他求饒，譬如說「**抱歉讓你看到我這樣**」，這樣說彷彿你是在拜託他趕快結束這個話題。對方也會認為你是因為對自己的選擇缺乏信心，所以只好把話題岔開。

然而，你的人生應該由你做主，沒有人有權干涉你。每個人都是獨立的個體，有自己的夢想與價值觀，生活重心也不同，你不必向任何人解釋自己生命中的任何事，那只與自己有關。即使被社會的傳統價值觀批判，你也無須為此向任何人道歉。

**狀況三：對他人提出請求時。**

道歉有時是一種代表禮貌的慣性語言，當人們在提出請求時，常以「不好意思」開頭。

**「不好意思，可以告訴我剛剛開會的內容嗎？」**

在這個句子中，與「對不起」相比，「不好意思」更接近於麻煩別人的慣用說法。有些人會在拜託他人時，把這句話當成口頭禪似地不斷道歉。

「英洙，不好意思，可以讓我看一下二〇二〇年上半年的使用者分析資料嗎？」

「喔，好的，但我現在有急事在處理，忙完後就找給你，請稍等一下。」

「不好意思麻煩你，拜託了。」

「不會，我找找看。」

「找資料很辛苦吧！不好意思。」

「喔，找到了，在這裡。」

「你那麼忙還麻煩你，真不好意思。」

「沒關係，辛苦了。」

不必要的致歉，可能會讓對方願意接受你請託的那份善意變成是一種義務。在這種狀況下，接受他人的幫忙時，最好說「**謝謝**」而不是「不好意思」。

## 狀況四：無法符合他人的期待時。

無法符合某人的期望時，道歉是能避免衝突的方法。但如果你覺得自己沒錯，甚至覺得是被情緒勒索，就別急著說對不起，而且這樣做並不見得不好。畢竟「沒達成對方的期待」跟「欠對方錢」是不一樣的，你並不虧欠他那個期待。

**「你不想讓媽媽難過吧？」**

有些媽媽在教訓小孩時會這麼問。發展心理學家指出這句話可能會對孩子造成不好的影響，因為常聽到這種話的小孩，會為了達成母親的期望而唯母命是從，並且覺得自己彷彿對誰有所虧欠。日後他也需要花很長的時間，才能發現自己真正的想法究竟是什麼。

我們往往花費許多時間在達成你所重視的人對你的期待上，這件事是對是錯並沒有標準答案，但你絕對不能忘記：「我們並沒有虧欠任何人。」

狀況五：根本就不是你的錯。

當有人犯錯，當下的尷尬讓氣氛變緊張時，覺得應該做些什麼打破僵局的那個人（但犯錯的並不是他）會率先道歉。

**（叮咚！外送來了）**

**「有點晚耶！」**

**「哎呀！這附近的巷子有點複雜，所以迷了一下路，哈哈。」**

**「喔……這個社區的確是有點複雜，抱歉。」**

**「蛤……？」**

在這種狀況下，道歉並非真心的，因為其實自己並沒錯。會習慣性地向人道歉的人，大多屬於這種情況，這是替對方製造道歉理由的「被動攻擊型行為」。意思是：「我都已經道歉了，你也要道歉」，讓對方察覺到你的企圖，並跟你一樣道歉，才能讓這段對話完美結束，是有附帶條件的道歉。

**「平常我都會說『不好意思，借過一下』，但其實我一點都不覺得不好意思。那個人幹嘛要擋在那麼窄的路中間（或門邊）啊！」**

對於「動不動就道歉」的舉動，心理學家建議人們試著找出自己明明沒犯錯，卻促使自己率先道歉的動機或者時間點。假設當下是「發生問題」＋「責任歸屬不明」＋「眾人都保持緘默」的狀況，請先仔細想想自己是否會在不確定是否犯錯的狀況下仍不自覺向人道歉。若答案是肯定的，那麼你需要的是提出意見，表達看法，而非只一味道歉。

# Chapter 2

## 聽覺篇

# 聽著聽著
# 就讓人打冷顫

像是莫名在你後腦勺鑽了洞的
那些隱諱話語

# 你聽了可別生氣

## ——因為我要跟你說會讓你不高興的話——

當時已經接近我大一上學期的尾聲，社團的學姊用彷彿下定決心似的態度跟我說了上面那句話，然後繼續說：「**雖然喜歡笑並不是壞事……**」

接下來我依稀聽見「社團氣氛」、「大學生活」、「成人的人際關係」這幾個字，但讓我印象深刻的只有下面這幾句話：「你是很虛偽的人」、「你看起來很好欺負」、「你感覺很輕浮」。總之，我因為「笑」這個行為而產生的損失，似乎遠大於獲得的益處。

「**所以你不用特意隨時隨地保持笑容。**」

聽了她這一長串的話，讓我覺得很不舒服。不是因為她貶低了父母遺傳給我的優點，也不是因為她自以為是的解釋或企圖假裝安慰人的眼神，更不是她只比我大一歲卻想教我人際潛規則。此外，這些話也讓我感受到她認為自己在社團的權威地位受到挑戰，但這些我都還能忍耐。

我心裡那種鬱悶的感覺，是在被批評時理應感受到的負面情緒，被強制上鎖後不能暢所欲言的不舒服感覺嗎？

我事後細想，原因應該是出在她開頭說的那句話。

**言外之意**

現在我要說會讓你心情不好的事，本來我想算了，但最後還是決定告訴你。既然我都開口了，就全都講出來好了。所以就算你聽到一半覺得生氣也不要打斷我的話，因為我可是做好了萬全的心理準備。

如果學姐考慮到我的心情，一開始就不該那樣說。那句話背後的意思就是：「我要跟你說會讓你不高興的事。」她不但已經打定主意要說讓人不爽的話，而且連對方的感受都要控制，這讓聽者覺得真是超級荒謬。

不過如果站在說話者的立場，他一定會覺得很高興：「天啊，這世上怎麼會有這麼方便的話呢？」

**情境實例**

如果用在職場文化中，上司對你說的話以這句話開頭，那麼你可能要皮繃緊點，因為這句話代表接下來他要說的話肯定很嚴重。可能會是批評，甚至破口大罵。

如果你是主管，在對屬下說出這句話時，顯然帶有警告的意味。而你的用意，是要讓他戰戰兢兢地聽你說話，讓你有「耍官威」的快感；還是指出對方的錯誤，希望他能改進並有所成長？何者才是你想達成的目的，是你應該有所自覺的。

若是在情侶關係中說出這樣的話，對方在你還沒說出真正想表達的意思之前，就會不太高興了。因為這句話已讓對方預期你將說出傷人的話，總之不是批評就是指責，因而在心裡先產生抗拒，接下來你說的話，對方很可能就會在還沒深思前就回嗆。不管你所說的是否屬實，對方一定會予以否認，然後接下來就是一場無可避免的爭吵。

**溫馨提醒**

在大多數情況下，說話者都是想透過這句話，表示「希望你能按照我所想的去做」，但是又希望大家都維持在和諧的氣氛中，不要撕破臉。結果往往總是事與願違，聽的人不但不能「聽了不要生氣」，反而會更生氣。

聽覺篇

如果你費盡心力想趕走煩人的念頭，可能只會強化它反撲而來的力道。例如：如果有人要你「絕對不能想到藍色的天空」，你一定會馬上就想到藍色的天空。像這樣，越不去想就越容易想起來的情況，在心理學上稱為「白熊效應」。

根據這個法則，要別人聽了別不高興的這句話，反而可能讓人在你還沒開始說之前就先心情不好，乾脆你就直說：「**我要說的事你聽了可能會不高興。**」還比較好，或是說：「**這是我想了很久才決定跟你說的。**」表現出說話者是在經過猶豫不決、深思熟慮後，才終於下定決心對你吐露這個訊息。

像這樣先站在對方的立場著想，會讓人更容易接受你要說的話。或者先壓低姿態以幽默的口吻說：「**我接下來要說的話，會讓我像個壞人，但是我考慮了一下還是說出來比較好，如果要當個壞人，就讓我當個高興的壞人吧！**」

聽覺篇

## 你聽了可別不高興

**破壞力** ★★☆☆☆

**後座力** ★★☆☆☆

**令人鬱悶感** ★★★☆☆

**類似說法：**

# 你聽了可別誤會
# 我沒有惡意

**言外之意：**

#我這麼說是為你著想
#大家都是這樣說

**正向表達法：**

#你聽了可能心情會不好
#這是我想了很久才決定跟你說的

## 我是為你好才這麼說的
### ——其實是為了我自己好——

要我聽了別不高興、限制我情緒感受的那個學姊，最後是以下面這句話來替她冗長的忠告做總結。

**「我是為你好才這麼說的。」**

當下我真的很傻眼，心想：有沒有搞錯啊？這是什麼狀況？五秒前她才講了一堆像是在沙漠裡要注意防洪的鬼話，現在又打算自己決定哪些話對我好不好，這不是該要由我自己判斷嗎？

一個好的忠告，可以改變人的一生。我曾聽過這樣一段話：「雖然有人聽了忠告可能會不開心，但如果因為對方不想聽你就絕口不提，真理就會在你的嘴裡打轉，最後變成蛀牙。」因此，他要人們別執著於無謂的貼心，而要積極給予他人忠告。對這類的「忠告愛好者」來說，「我是為了你好」這句話是能限制聽者的判斷、提高自己言論正當性的最佳用語。

**言外之意**

**❶ 這事對你只有好處，沒有壞處。**

**❷ 你要明白我是為你好。乖乖接受我的忠告吧！**

「為了你好」這句話，是強迫對方接受「我說的這些絕對對你有幫助」或是「即使你聽了不高興也要接受」的觀點。

你的忠告可能是對的，但也可能完全不適用。即使你說的的確屬實，但要不要接受那個忠告是對方的選擇。我們要學會以課題分離的方式，對待別人的人生。

聽覺篇

要壓榨職場新人時，這種說法就是最無懈可擊的藉口，例如：「**剛出社會就是要多磨練，把抱怨的時間拿來學習吧！只要把我交代的事做好，不論去哪裡都會很有幫助。我這麼說都是為你們好。**」

此外，當與自己做出不同選擇的人過得比你好、讓人嫉妒時，這句話也常被拿來使用。這類的忠告往往具有「你的選擇其實並沒有那麼好」的暗示，使對方忍不住思考自己的選擇究竟是否正確。

雖然說話者看似以擔憂的方式來表達想法，實際上卻是想減緩聽者自我成長的速度。若和上篇文章提到的「你聽了可別生氣」一起使用，更具有錦上添花的效果。如此，不論對方要做什麼決定，你都可以先下手為強，制伏對方。

「**我是為你好才說的，你聽了可別生氣。**」

如果你在潛意識裡，真的認為這麼說是為了對方好，那這句話就更無懈可擊地發揮了束縛別人行動的力量。

**溫馨提醒**

當我們聽到對方這麼說，表示他是為我們著想，應該要感到高興才對，但為什麼心情反而很沉重呢？

因為其實我們知道，這種表面上聽起來是「為了你」，但隱藏在背後的意思其實是為了他自己，只是透過各種話術包裝，企圖以催眠的方式突破你的心防。這種以愛之名的情緒勒索，會發生在親子、師生、朋友、情人、夫妻、上司下屬等任何人際關係上。

如果真的是為了對方好，不是應該尊重他的想法與選擇嗎？更何況，你認為好的，不一定對別人也適合。

**換個說法會更好**

若是真心為對方著想，或希望對方能進一步仔細思考後再做決定，用「**說實話，我真的認為……**」會比較適合。

**我是為你好才這麼說的**

**破壞力** ★☆☆☆☆
**後座力** ★★★☆☆
**厚臉皮指數** ★★★★★

**類似說法：**
# 我是替你著想才這麼說
# 我可不是為了自己好才這樣說

**言外之意：**
# 你聽了可別生氣
# 我本來不打算跟你說的

**正向表達法：**
# 說實話，我真的認為……

# 我是不在意啦，但其他人……

## ——其實最在意的就是我——

心理學家伊麗莎白・盧卡斯（Elisabeth Lukas）做了一個很有趣的實驗。她準備了兩個裝有草莓的籃子，其中壞掉的草莓都各占總量的百分之十五。

她將籃子分給兩組孩子，請一組挑出壞掉的草莓，另一組挑出新鮮的草莓，然後問他們新鮮的草莓大概有多少。

負責挑選新鮮草莓的那組小孩答案幾乎都正確，但挑選壞草莓的那組小孩，回答新鮮草莓的數量比實際的還要少許多。

心理學稱這種現象為「負面偏誤」，這是指人們對負面訊息的印象會特別深刻。而且我們不只對於身邊的事物會有這樣的反應，對於產品、企業、名人等的印象，同樣也是如此。

聽覺篇

例如具有正面形象的良好企業或優質藝人，往往也會因為僅發生一次的失誤就使形象受損，之前累積的好名聲在一夕之間嚴重下滑。

大部分的負面偏誤都是來自眼見為憑的實際經驗，不過輾轉從第三者口中得知的消息，也可能造成這種結果。

如果有人散播你的負面消息，你該怎麼應對呢？你可能會質問對方究竟為何要惡意中傷，但也問不出個所以然，每個人都說自己只是「聽說」，但謠言已經傳得滿天飛了。

**言外之意**

**我不在意，但除了我之外的其他人都很在意。（才怪）**

這句話的威力，在於讓「被害人」認為說話者擁有他無法得知的大部分祕密，而且開始想像別人看待自己的異樣眼光，並將負面偏誤的效果套用在自己身上。還會不斷回想過去，反芻類似的情境，開始胡思亂想，心情亂糟糟。

**情境實例**

「話說回來，禹鎮你本來就很會稱讚別人嗎？」

「喔，是啊！我比較喜歡多說別人的優點。」

「原來是這樣，那麼也有可能是誤會啦，哈。」

「什麼意思？」

「沒什麼啦，嗯……我是不在意啦，但其他人好像會那樣想。」

「欸……你是指什麼啊？」

「你只講好話的樣子，感覺像是想用拍馬屁而不是靠能力來一決勝負，所以會讓人覺得有點不太高興，大概就是這類的話……呵呵。」

**「啊……我不是那個意思。」**

**「知道，知道，我當然知道啊！不過其他人就……」**

我們對一個人（無論對方是不是熟悉的人）抱持的印象，一開始多半是積極而肯定的正面評價，多於消極而否定的負面評價。這種心理傾向叫「寬大效應」，又稱為「積極性偏差」。這種效應通常會穩定地維持，在受到強力的負面刺激時，才會轉變成負面偏誤。

例如，原本我們對於對方越不太在意或認為是優點的部分，在發現對方居然具有顛覆我們既有認知的性格或行為時（儘管這些可能只是以訛傳訛的假消息），這種負面刺激的破壞力就越大。

**「你也要稍微顧慮到其他人的想法啊！」**

有些人甚至還會進一步說出這種強勢的「忠告」，讓傷人的力道更加飆升。

## 我是不在意啦，但其他人……

破壞力 ★★☆☆☆
後座力 ★★★★☆
狡猾程度 ★★★☆☆

**類似說法：**

# 你也要考慮到其他人啊
# 你沒聽過別人這樣跟你說嗎

# 你知道就好，千萬別告訴別人

## ──啊，說出來好舒服！──

對於任何人的祕密我都守口如瓶，不會因為跟某些人較親近，就大嘴巴地告訴他們，因為那不是我的事情。

我原以為「為人保守祕密」是做人的基本原則，這樣做也能贏得他人信任，殊不知這只是我一廂情願的想法。事實上，當事情一旦被說出口，從那瞬間開始就不再是祕密了。

我就有過以下的經驗。

有位叫素英的同事曾悄悄把我拉到一旁，在左顧右盼確定沒人後，小聲對我說：

**「其實我正在和東健交往，但我沒跟其他人說，所以你知道就好。」**

天啊！這真是出乎意料。我驚訝地收下她的祕密後，小心放進埋在地底深處的金庫裡，將它妥善置於櫃子中，再將金庫的大門鎖緊。

隔天，另一個同事像發現隱藏在金字塔裡的祕密似地，走過來悄聲告訴我：

**「最高機密！這個真的不能跟其他人說。素英和東健正在談戀愛！」**

怎麼可能！我做出一副驚訝至極的表情，因為我已經知道這件事的事實也是個祕密。他滿意地看著我驚嚇的模樣，然後用嚴肅的表情點了點頭後就走了。說出秘密如釋重負的他，背影看起來很輕快。我將他對我說的祕密一起放在昨天安置好的祕密包袱旁邊。把金庫大門打開又再關上也是件費力的事。

沒多久，又有另一個跟我很要好的同事過來跟我說同一件事情。他做出一副猶豫著不知該不該說的表情，並轉頭看看周圍，確定沒人注意時，用嘴形跟我說：

**「東健和素英……」**

天啊！竟然有這種事！我毫不費力地將剛剛才做過的表情再展現一次，頓時有種演技大躍進的感覺。我假裝吃驚的反應根本就是在對這位好同事說謊，這讓我不太舒服，但為了守口如瓶也別無他法。然後我把這個祕密放在前面那兩個包袱的旁邊，這三個包袱看起來都很安全，真是了不起的祕密們。

不久後，有一場小型的公司聚餐，剛好跟我說祕密的人全都坐在同一桌。對話進行好一會後，我得知了一個驚人的事實。

「**東健過得好嗎？他現在在做些什麼呢？嘻嘻嘻！**」

原來，我想幫對方保守祕密的這三個人，互相都知道彼此已經知曉同一個祕密，甚至連坐在同一桌的其他同事也都知道此事。

這真的是很神奇的事，我明明保管得很好啊，沒有腳的祕密們居然在不知不覺中已經走出了用汎金屬*製成直徑兩公尺、厚度一公尺的金庫大門，光明正大地躺在每個人都看得見的餐桌上！

我想保守的是什麼？是只有我知道的事實，還是「不希望只有自己知道的」某個人的負擔呢？

---

＊美國漫威漫畫中出現的虛擬金屬。

言外之意

❶ 我實在忍不住了，我一定要跟你說，把憋了許久的情緒發洩出來。
❷ 你知道你不能跟任何人說吧？所以這個祕密的重量就由你來承擔。

有些人會迫不及待與你分享一些跟他自己無關的消息，但傳播者不想擔負八卦者的罪名，於是多加一句「你知道就好，千萬別告訴別人」，以為這樣就可以卸責了事，這樣做其實是在利用他人的好奇心，行使為自己脫罪之實。

即使如此，在守密的過程中，還是有人會為了守護他人隱私而耗費許多心力。當你對別人說出祕密時，就等於向對方租下埋藏在他內心深處的保險庫。因此，在他獲得能公開祕密的指示，或者祕密已成眾所皆知的事實之前，他每天都會投注一定程度的謹慎與機警在管理金庫的保安上。

聽覺篇

溫馨提醒

❶不管是跟自己有關的私事，還是被他人告知的秘密，之所以會和他人共享訊息，都是因為自己對於守密所付出的努力感到疲累。把祕密說出口時，不僅能得到傾吐的解放與快感，還能讓對方覺得被你信任，因而與你更親近。

當你說出祕密，卻又期望對方守密時，雖然充分享受到自己的權益，但同時也阻擋了他人的權益。而且，當下一個人也與你經歷同樣舒暢的感覺時，就會增加那件事不再是祕密的危險性。

❷會這樣說，想必對方是你極為信任的人。如果你將與他共享的祕密輕易告訴他人，他對你也會不復信任。

❸如果他在你的祕密被所有人知道之前，都一直保持緘默，那麼他就是真心待你，並會為你著想的人，希望你千萬不要辜負他。

聽覺篇

## 你知道就好，千萬別告訴別人

破壞力 ★☆☆☆☆
後座力 ★☆☆☆☆
信賴度 ☆☆☆☆☆

**類似說法：**

# 你千萬不要跟別人說
# 我相信你（不會到處亂說）

**相反詞：**

# 你怎麼能跟其他人說
# 你怎麼能那樣對我

# 如果我也有你的水準

## ——反正對你來說也是輕而易舉嘛！——

我有兩個朋友在聊天。其中一位走模範生路線，他勤奮念書並考上好大學，畢業後比其他人更早到夢想中的公司參加面試。另一位則是個生性瀟灑的自由人，上大學後抱著「由你玩四年」的心態，沒花費太多心思在課業上，而是參加許多課外活動。

兩個人的個性也大相逕庭，（模）範生有很多煩惱，（自）由人則無憂無慮；範生的個性比較被動，由人則是自信滿滿。範生很擔心面試的狀況，所以找由人聊心事。但由人表示他無法理解範生的焦慮：

「喂，你從好學校畢業，還拿了獎學金，有什麼好擔心的？」

「話雖如此……但還是會緊張啊！」

「哎喲，怕什麼啦！我如果也有你的水準，被錄取根本就是輕而易舉的事！」

在活得很自我的由人眼中，無法看到範生的擔憂。因為對由人而言，所謂困難就是「先試試看，即使失敗，再繼續嘗試也無妨的事」。關於範生這輩子至今為止，只專注於「進入大公司工作」，並為此不斷努力的心情，他是很難體會的。

那麼，由人的說法在範生聽來又是什麼感覺呢？

## 言外之意

**你生來就得天獨厚了嘛！**

這句話的意思是，對方擁有的所有優勢，包括聰明的頭腦、沉穩的性格、良好的家庭環境等，都不是靠自己努力爭取獲得，而是從一開始就內建好的，可說是人生勝利組。對方明明有一手好牌，卻遲遲無法踏出第一步，這讓由人覺得範生有種畏縮無能的感覺。

但這種想法完全沒考慮到對方是如何辛勤付出，經歷過多少失敗，才擁有現今的成果。這種「何難之有」的輕蔑，貶低了他人的努力，會讓人聽起來不太舒服。

**情境實例**

**「我如果有你那種頭腦，早就通過高普考和司法考試了！」**

**「只要下定決心，我也能做到啊！」**

上述提到的由人，對任何事情都不會預做準備，付出努力，因此也很難獲得好的機會。在他看來，像範生擁有那麼好的資質，任何事根本就不會難倒他。然而，如果要由人花費相同的心力來獲得同樣的成就，那麼他會說：「瘋了嗎？我幹嘛那麼辛苦？」

無視對方為了達到現在這個位置所付出努力和時間的人，才會輕易說出這句話。

範生和由人現在並不親近。雖然並不是因為當時那段對話而造成的嫌隙，但平心而論，和習慣輕忽他人努力的人相處時，大多也很難靠過去累積的情誼來維持彼此的關係。

## 換個說法會更好

同一句話如果換個說法，就會給人截然不同的感受。例如，「如果我也有你的水準」是假設句，當改變前後的因果關係，意義就會大不相同。

**「我也好想跟你一樣那麼會讀書，但我也要有你那種頭腦才能做到啊！」**

## 我如果也有你的水準

破壞力 ★★★☆☆
後座力 ★★☆☆☆
討人厭程度 ★★★★☆

**類似說法：**

# 這對你而言本來就不困難
# 只要下定決心（我也能做到）

**弦外之音：**

# 你有什麼好辛苦的
# 我才更辛苦

**正向表達法：**

# 因為是你（所以才能做到）

# 你也有錯！

## ——總之，我說你有錯就是有錯！——

在綜藝節目《新西遊記》的某集中，李壽根不小心把圭賢的手機摔到地上。

當時他們正打算要自拍團體照，旻浩對拿著手機的圭賢說：「從我們的位置來看，是不是由壽根哥拿手機會比較好拍？」後來在遞手機的過程中，李壽根失手將手機摔到地上。

大夥針對這件事追究每個人的責任，做出這樣的結論：提議換人拿手機的旻浩占百分之十，而把手機弄掉的壽根則占百分之九十。事情看似就這樣告一段落。

然而，不須負任何責任的志源卻突然對圭賢說：「你也有錯。」並且重新檢討各自的責任問題。最後志源將所有過失都推到圭賢身上，說：「如果你一開始沒說要自拍，就不會發生這種事了。」

本來忍住怒氣的圭賢，終於出聲大喊：

「照你這樣說，我的出生就是個錯誤囉？」

「咦？欸？」

「啊，不對耶，因為我爸媽把我生下來，所以錯的是他們囉？」

「啊？」

在這個搞笑的橋段中，我們得知一個事實，那就是：要把責任推到某個人身上，其實比想像中簡單。

**言外之意**

**根本就是你製造了讓人犯錯的理由嘛！**

我曾聽說幼稚園老師教育小孩的NG做法。就是當兩個小孩在吵架時，老師不該說：「你們都有錯，就握手和好吧！」用這種共同分擔錯誤和責任的方式來解決問題是不正確的。

不論出於何種原因，一定是有人讓那個原因發展成吵架。如果兩個人打了起來，就代表一定有人先動手，有可能全部都是由其中一個小孩所為，也有可能不是。甚至還有可能不是雙方起爭執，而是有人單方面受到欺凌。

之所以會有老師這麼教，是因為「大家都有錯」這句話，是第三者在化解紛爭時，最簡單也最輕鬆的做法。

一件事的發生往往有非常多的因素與變數，所以不斷細究，最終不論是誰或多或少都會有責任。這麼一來，圭賢出生這件事確實也有錯。

「快下班時，課長突然過來問我這個進行得如何，那個為什麼會那樣。聽起來他連報告文件都沒仔細看過，只是在回家前，突然想到才隨便翻翻。我事情都做完正打算要下班，他這樣一問，我只好又回到位置上。」

「不過你也有錯耶！課長也可能會忘了這件事，你應該要事前就提醒他啊！」

「我當然有提醒。上午跟他說了一次，吃午餐時又說了一次，下午還跟他說了兩次。而且他每次都有回應我！看個報告連十分鐘都不需要，但他到下班前都沒看！唉……真氣人。」

「你已經知道報告的內容，當然只要十分鐘啊！如果你有幫忙做摘要或者畫重點，讓他可以看得快一點，是不是就不會這樣了？」

「那個我也做了。我在電子郵件裡已經寫了要確認的部分，在文件上也都標示了。」

「那你有跟他說今天就要確認嗎？」

每個人都渴望能獲得愛與關注，也有傾訴的欲望，但並不是每個人都能夠認真聆聽。當你訴說的煩心事不被人理解時，更會倍覺無奈與傷心。

有些人會沉浸於「我的判斷很公平」的自我催眠中，先檢視向自己傾吐煩惱的對方是否有錯。會說這句話的人是選擇麻痺同理心，而將談話內容導向對方肯定有錯的方向。

如果要用這種方式來對話，那麼對方究竟是否有錯這件事也不重要了，因為最終「每個人」都會有錯，都該為這個結果負起責任。

**「你有跟他說今天之內要確認嗎？」**

**「我有跟他說這是要馬上確認的報告。」**

**「你應該說得更明白點啊！那你也有錯！」**

有人面對霸凌、性暴力等事件時，也會用這種態度對待顯然就是被害者的人，指責是對方自己製造被傷害的理由。但當他們不幸也成為被害者時，仍會理智地抱持同樣的想法嗎？

別人之所以會向你訴苦，是希望你對他的處境產生共鳴，而非給予批評，亦即對他們而言，你是可以依靠的人。因此，即使你認為對方也該負起責任，而不是一味把錯誤推到他人身上時，還是先試著抱持同理心來對待吧！

也就是說，先看見對方的情緒，同理其感受，再處理他的煩惱或困惑。或許你不一定同意對方的處理方式，但先給予情感支持，待他的情緒散去，會比較聽得進你的建議；更可能他頭腦也變清明了，知道後續該如何做才恰當。

若一味追究是非對錯與責任，很可能你說的都對，但對對方根本沒有任何幫助，反而還會覺得你愛說教，因此落荒而逃。

## 你也有錯

**破壞力** ★★★☆☆
**後座力** ★★★☆☆
**習慣使用度** ★★★☆☆

**類似說法：**
# 你應該要做得更好啊
# 我（就算有錯）也是情有可原

**正向表達法：**
# 如果你換個角度想想看呢

# 隨便

## ——反正我都無所謂——

感情會變淡，很大程度就是從總說「隨便」開始。

有學妹來找我聊天。她提到男友最近的態度變得很冷漠，不曉得是不是劈腿了？

她舉了男友態度冷淡、對她滿不在乎的幾個例子，其中有句話出現了很多次，那就是：「隨便。」

為何對於提問總是如此隨意敷衍，不給意見呢？他是在生氣嗎？對方說「隨便」，難道就真的隨便嗎？她心情沮喪地提出這些疑問。

聽覺篇

## ❶這個決定對我而言並不重要，所以我不想花心思。

「隨便」這個答案，表面上看來是將事情的決定權交給對方。因此，如果碰到較為繁瑣、懶得傷腦筋的事情，或是真心覺得無所謂的情況，這句話通常不會引發爭執。

然而，在愛情關係中，或許這句話只是無心之語，但聽到的人總會感到很失望，因為這代表對方不想參與選擇的冷漠，也可能因此衍變成爭執的導火線，讓氣氛陷入僵局。

**「聽說最近穿同一個顏色的情侶T恤已經褪流行了，更炫的是相似的情侶穿搭方式。我們要不要買這件？」**

**「嗯，隨便。」**

**「已經是春天了，要買比較亮的顏色嗎？」**

「隨便。」

如果男友並不太重視流行，真的覺得買哪件都可以，那麼他會這樣回答也是理所當然。

不過，我知道她男友最近為何一副心不在焉的樣子，因為她男友也是我的朋友。他並非不關心女友，更沒有移情別戀。事實上，他遇到一些不愉快的事，但女友卻渾然不覺。

**❷在決定這件事之前，我還有其他的煩心事，難道你不知道嗎？**

雖然男友是因為有心事才會說話有一搭沒一搭，愛理不理。然而他的女友，別說要瞭解男友不開心的原因了，就連男友現在有心事她都沒注意到。終於，男友那句事不關己的「隨便」，讓她壓抑許久的不悅瞬間爆發。

**「哎喲，所以你到底想要什麼時候去度假啊？八月底去東海？你那時候可以請假嗎？」**

「嗯，我隨便。」

**「你現在在跟我開玩笑嗎？」**

男友說這句話，看似一切都不在乎，甚至感覺有些敷衍，但這並非他的用意。他為什麼不老實說出內心的想法，而是採取凡事都無所謂的冷漠態度呢？在心理學中稱此為「被動攻擊型行為」，也就是不直接表露出內在的敵意或負面的情緒，而是使用間接的方式來表達。

被動攻擊型是CP值非常高的攻擊方法，因為不需要直接面對衝突，只需投資少少的努力，就可以讓對方隱約感受到你的不悅或故意漠視，並收到不錯的成效。如果用這種方式復仇，不僅可以嚐到甜美的果實，也能很容易將反擊的行為自我合理化。

然而，這種行為無法解決根本的問題，只能迴避彼此間的矛盾。另外，當事人也很難察覺自己的攻擊對雙方造成哪些影響。如果習慣了這種溝通方式，就會嘗試利用更激烈的方法來加大刺激。

在上一章最後一篇的「對不起」文中，也曾提到被動攻擊型行為，在這裡，更進一步詳細介紹這種行為的四種典型表現方式。

**一、有話不直說**。

不直接表露出自己的負面情緒。（例如：看起來明明已經生氣，但卻不說明生氣的理由，又或者否認自己不高興。）

**二、消極性的攻擊行為**。

用故意遲到、拖延戰術，或是忘記約定等方式來逃避問題，或表現對對方的不滿。（例如：對於不想見面的人或不想完成的事，會以「我明天跟你說／我明天再做」作為推託之詞。）

**三、帶有相反的意圖**。

佯裝稱讚對方，其實是故意說出對方的缺點。所謂拐個彎說話就是這樣。

## 四、保持距離。

這種表現方式是因為對方相信直接表達憤怒是不好的，所以用這種做法間接表現對你的不滿。表面上他可能看起來親切和善，實際上卻是與你保持明確的距離，對你敬而遠之，藉此切斷和你直接情感交流。

此外，故意忽略或孤立、話中帶刺、愛理不理、一問三不知等，也都屬於被動攻擊型行為。在上述例子中，男友所說的「隨便」，就是四個典型表現行為中的「有話不直說」。

被動攻擊型行為最大的特徵，就是在發動攻擊的瞬間，可能連當事人都察覺不到自己已經付諸行動，其實那全然是出於無意識的反應。因此，當別人聽到他們說這句話而心生不滿時，往往會感到驚訝，不知所措。

**「你現在在跟我開玩笑嗎？」**

**「咦？怎麼了？發生什麼事？」**

**「我說現在要去哪裡旅行，對你而言一點都不重要嗎？」**

**「不是啦，我不是那個意思。」**

**「不然你幹嘛一直那樣回答。」**

就連他自己也不知道為什麼會脫口說出「隨便」這兩個字。他無法將自身「冷漠的態度」和「不高興的情緒」聯想在一起，因此很難做出讓女友瞭解他內心真實想法的回應。

假如雙方繼續爭執，那麼被動攻擊型的人就會採取更強烈的防衛姿態，開始不斷否認。

**「我不是不關心，我也覺得東海很好啊！八月也可以請假啊！妳幹嘛咄咄逼人？」**

「隨便」一詞，是在親密關係中最常見，也是最低階的用語，如果習慣用這種方式表達或發洩情緒，那麼運用的範圍就會從親近的人開始，逐漸擴大至周邊的其他人際關係上，而且強度還會提升。

以下是攻擊行為的發展階段。

**第一階段：表面上答應**。

口頭上答應對方的要求，實際上卻不行動或是刻意拖延。例如：當對方打電話催促時，卻還賴在床上不負責任地回說：「嗯，我已經在路上了！」

**第二階段：故意做不好**。

雖然表面上欣然同意，但卻故意不好好做，或是以缺乏效率的方式擺爛。例如：要求孩子打掃房間時，孩子卻連不需要馬上整理的東西也都拿出來，讓房間更亂，然後告訴父母自己不知道該從何處著手。

**第三階段：放任問題發生**。

即使知道放任不管可能會讓情況變糟，卻仍遲遲不採取行動解決。例如，明知跟父母借車在歸還前如果沒有先加油，父母就無法馬上使用，卻依然任性地對油表指標落到底這件事視而不見。

**第四階段：隱藏的蓄意復仇**。

到這個階段，就會出現宛如電視劇裡的情節了。

當事人不會像上述幾個階段消極地無所作為，而是會採取實際行動，也就是在「被動」的範圍內發揮主動的攻擊，只不過沒向對方正面宣戰罷了。

例如，為了阻止討厭的同事升遷，在對方報告時偷偷拔掉機器的電源線，或者故意提出令他難以回答的問題等，藉此妨礙對方的晉升之路。

**第五個階段：摧毀自我**。

我之所以會因為一句簡單又平凡的話而寫出這麼冗長的說明，是因為如果不提早加以防範，最終將會發展到這個階段。

因為被動攻擊型行為無法將內心的不悅或衝突，藉由有效的外顯方式釋放出來，如果當事人周遭沒有能予以幫助或引導的親朋好友，也沒有能發洩負面情緒的對象時，原本對外的槍口終究會轉向自己。

在青少年時期的異常舉動，正是被動型攻擊中典型會摧毀自我的例子。像是為了報復父母管教嚴苛而絕食抗議，或是刻意選擇抽菸喝酒等有害健康的行為激怒父母，即使長大成人後，會認為年輕時那些舉動是「中二病」的幼稚行為，然而一旦習慣被動型攻擊的思維，還是會重複犯同樣的錯誤，甚至會用他人無法察覺的暗黑方式來戕害自己。

如上所述，採取被動型攻擊行為的人往往難以察覺自身的行為。如果你看了上述的文章，自覺有這種傾向時，希望你能提前預防，以免做出更嚴重的行為。

請你從現在開始就試著自我觀察，自己是否會有意無意地引起衝突，又或自己有哪些行為會讓衝突提升或緩解。

**這樣做會更好**

「隨便」在顧人怨的口頭禪排名第一，但我們卻常不經意掛在嘴邊。

說出這句話會因狀況而有不同的原因，有時我們是想表現隨和，尊重他人的決定；有時是因為已經太忙太累，沒有心力參與決定；也有人是擔心一旦說出自己的意見，會被人拒絕或是害怕承擔責任。

無論是哪種情況，都會給人「一點也不在意、沒主見、就那樣」的感覺，像是被句點了，讓人不想再繼續跟你講話。

建議你還是應該表明自己的想法與態度，即使不確定或沒把握，也可以說：「**我對這個不是很瞭解，還是由你決定吧！**」這樣會比完全不表示意見來得好。

---

**隨便**

---

**破壞力** ★★★☆☆

**後座力** ★★★☆☆

**便利性** ★★★★☆

**類似說法：**

# 就那樣吧

# 我都可以

# 隨你便

**相反詞：**

# 其實（我覺得……）

---

# 拜託！我才更慘好嗎！

——誰能比我慘——

「怎麼辦……我胖好多。」

「喂！拜託，我更慘好嗎?!妳還好啦！我才變胖了。」

當女性朋友在討論和體重相關的話題時，我經常插不上嘴，也無法產生共鳴。有時我看對方的身材明明穠纖合度，她卻直呼自己太胖；有時對方說自己瘦了很開心，我卻絲毫感受不到她有什麼變化。

不對，這其實和性別無關，應該是我的眼睛沒有分辨外貌差異的機能。（我試著安慰自己，這是因為比起外表，我更重視他人的內心才會這樣……）

言外之意

**跟我比起來，你的煩惱根本不算什麼！**

要解決他人的煩惱或痛苦有很多種方法，其中一個就是在前面文章中曾提到的「**想當初我……**」但這樣說需要擁有與對方類似的經驗，所以比起用於同儕身上，更常使用在與對方有世代差異的前後輩之間。

「想當初我……」指的是過去，也可以改成「**我當初更慘**」。如果要與現正陷於水深火熱中的朋友較勁，這句話就要改成現在式的「**我才更慘**」，而且不論你是否與對方有同樣的經歷都可以拿來使用，可以說是「比慘」的萬用句。

「我都快累死了！寶寶日夜哭鬧，連在三更半夜都哭了好幾次，我老公卻只顧著打呼睡覺。」

「是喔！拜託！我才更慘好嗎?!」

（妳不是未婚嗎……）「妳？為什麼？怎麼了？」

「我和男友本來要慶祝交往一週年，公司那天卻要辦研習營，害我們都沒時間碰面。」

「想當初我……」是說話者與對方分享自己以前的經歷，說這句話帶有某種程度的自我鼓勵。相反地，「我才更慘」可能不具正面意義，就像在上述例子中，它代表說話者根本不想聽對方的煩惱，又或他其實不是真的要比慘，而是想藉由這樣的方式來炫耀，以獲得別人的認同。

另外，也有些人會以自己也過得不怎麼樣這種「我比你還慘」的說法來安慰他人。雖然立意良善，但就像在「想當初我……」一文中所提到的，不同人的痛苦是無法比較的，拿自己的煩惱去安慰別人的煩惱，根本無濟於事。

事實上，對方的情緒值得存在，只要沒有傷害到你，他就有體會和表達這份情緒的權利。不要試圖幫他轉移注意力，或逼他自我麻痺，以免他扭曲自我認知，認為自己是玻璃心、不懂感恩或充滿負能量等。

建議你可以先充分傾聽並理解對方的狀況後，然後說「**其實我跟你一樣，也有同樣（或類似）的苦惱**」來同理對方。接著，如果你能針對對方在如此艱困的狀況下仍努力不懈而予以鼓勵，就能讓他獲得莫大的支持與安慰，進而從情緒中走出來。

**拜託！我才更慘好嗎！**

破壞力 ★★★☆☆
後座力 ★☆☆☆☆
習慣使用度 ★★★★☆

**類似說法：**

# 那根本不算什麼
# 想當初我……
# 你只不過是……

**正向表達法：**

# 你應該很辛苦吧
# 我也曾跟你一樣

# 總有一天你會懂

## ——所以你就乖乖接受吧！——

在我模糊的記憶中，不知是在電影還是漫畫裡，有個女人流著眼淚勉強擠出笑容，說了「**總有一天你會懂**」這句台詞。男人望著漸行漸遠的愛人無聲啜泣著，那個場景令年幼的我感到悲傷。我也莫名地對兩人的未來充滿好奇，期盼她說的「總有一天」能趕快到來。

然而，在現實生活中聽到這句話時，感覺卻有些不同。

「**學長，這明明是全年級都可以參與的小組活動，為什麼只有你們跟學姐能參加呢？**」

「**喔，你才剛進學校，很多規矩都還不清楚，很難解釋啦！總有一天你會懂**

的。」

雖然不知他說這句話時，是不是自以為就如同劇中的女主角，有不為人知的苦衷，而且還搭配了悲傷的背景音樂（但音樂只有他自己才聽得到）。然而那句話卻讓我有種「以為點開的是電影正片，結果卻只是預告片」的感覺，因為內容有看跟沒看一樣，對劇情還是完全摸不著頭緒，而且上映日期也未確定。

**言外之意**

雖然你現在還不懂，但總有一天你會和我一樣，明白箇中緣由。現在要說明有點困難耶！所以你就別問了。

當對話演變成爭執或衝突時，其中一方常會用這句話，並以一種「不想繼續爭辯下去」的放棄或認輸語氣說出這句話。

不過其實他們是因為無法說服別人認同自己的觀點，或只是單純懶得說明，才不願進一步解釋，所以用這句話營造出一個「你還不明白」的境界。

**情境實例**

女友：「你為什麼生氣？是因為我的朋友嗎？」
男友：「不是啦！算了，沒關係。」
女友：「你要說我才會知道啊！我是真的想知道你到底在想什麼。」
男友：「總有一天妳會懂的。」
女友：「……?!」

這句話帶有輕視對方的意味，很多人以為在跟父母、老師或長輩（長官）、晚輩（下屬）說話時才會用到，事實上在同輩間也常使用，而且聽者未必會遇到「總有一天你會懂」這句話裡提到的狀況，那只是說話者個人的主觀認知。

「金課長不行啦！一看就知道了。」

「你又不是他，怎麼能那麼肯定？」

「哎喲，你還不懂才會這樣說啦！」

像這種自認為未卜先知的老手，經常會在說出連自己都不確定的事情時，再補上這句話來加強語氣，營造「未完待續」的懸疑感。

**溫馨提醒**

我經常聽到前輩們跟我說這句話，他們總說等到時機成熟我就會明白，屆時我將跟他們一樣，對一切了然於心。但當我真到了和他們差不多的年紀，又或擁有同樣的資歷時，對於當初他們說那句話的用意還是滿腹疑惑。

在他人遇到困難或疑問向你求教時，一開始你的確能用這句話敷衍對方，但若一直製造「可能根本不會來臨的未來」，日後對方也不會再向你求教，因為他完全無法得到任何幫助。

**換個說法會更好**

❶試想你在跟小孩子說話吧！如果你沒有蹲下來，用孩子的視角與高度看世界，而只是說「等你長大就會懂」的空話來否定或忽略他的想法，想必他一定也會對你這個大人敬而遠之。如果時光能倒流，你這種說話方式，恐怕就連小時候的你都很難被說服。

不管晚輩的年紀或經歷再怎麼不如你，你都必須知道「自己」跟「和你對話的那個人」，是兩個完全獨立的個體，而非你的延伸。你的經驗僅限於自己，並不適用於他人。你可以給對方建議，但千萬別自以為是。

❷當你偶爾想起，以前那個從不認為所有事情都是理所當然、覺得一切都還很

新鮮的自己……

「你心裡有多少疑問呢？你是否曾深入思考過『我是誰』、『人生是什麼』這些問題？就算不是這種大哉問，你是否也曾對周遭的日常存疑？那是什麼時候呢？你是否變得對一切都漠不關心？曾經充滿好奇心的那個孩子到哪裡去了呢？」

——摘錄自《姜元國的寫作》

---

**總有一天你會懂的**

---

**迴避效果** ★★★★☆
**後座力** ★★☆☆☆
**習慣使用度** ★★★☆☆

**類似說法：**

# 你懂什麼
# 以後你就會知道
# 等你變得跟我一樣
# 那也是沒辦法的事

**弦外之音：**

# 你也試試看這是什麼感覺

**正向表達法：**

# 就我的經驗來說

---

# Chapter 3 味覺篇

## 既令人倒胃口<br>又想狠揍對方一拳

即使只是簡單的對話，<br>也會讓人超不爽

# 乾脆（就這樣做吧！）
## ——就用這個如何？——

我曾碰過這樣的情況：大家在會議中經過一番熱烈討論，好不容易取得共識時，突然有人提出完全不同的意見，頓時一切回到原點，毫無進展，甚至讓討論的主題失焦，整個局面大亂。

**（介紹完明天開會時的簡報後）「接著我打算進行Q＆A後就收尾，你覺得呢？」**

**「嗯，乾脆用 Keynote 來報告如何？」**

**「……（我準備了一個月，怎麼在前一天才要我更換？這是什麼王八……）」**

在向這類人尋求建議時也會有「砍掉重練」的狀況。當對方說出深思熟慮後所做出的決定時，他們的回饋不是針對這個決定給予優缺點的分析，而是提出一個全新的意見。顯然聽者並沒有仔細探究對方的想法，而只站在自己的立場，就讓天馬行空的想法不經大腦脫口說出。

因為話中所指對象的不同，「乾脆」這兩個字給人的感受也會有非常大的差異。我們先來看看以下的例子：

**「唉，我年少時期的女朋友如今已經變成另一個世界的人了。如果當初乾脆就不和她交往，我應該就不會這麼煩惱了吧……」**

**——摘錄自《少年維特的煩惱》**

在上述的例子中即使用了「乾脆」，也不會令人不悅，因為它指的對象就是說話者自己。像這種情況，代表對於曾做出的選擇深感遺憾或懊悔。

但是當這個詞套用在別人身上，狀況會有何不同呢？以下先利用字典的解釋來推測可能造成的效果。

乾脆：

在討論許多不同的想法與意見時，與其贊同大家達成的共識，更常主張其他的做法會更好。也就是當自己與眾人無法達成共識，或所有的建議都不太合適時，會用這個詞彙表示自己的意見相比之下是較好的選擇。

——Naver 韓語字典

值得注意的是「都不太合適時」這幾個字。我們來比較以下的兩種對話。

狀況A：「這次的小組專案，我打算和度妍或英美一起，你覺得誰比較好？」

「找詩英會不會比較好？」

狀況B：「這次的小組專案，我打算和度妍或英美一起，你覺得誰比較好？」

「乾脆就直接找詩英會不會比較好？」

雖然這兩個答案都推翻了對方的想法，但第一個答案強調的是「詩英會比較適合這次的專案」，而第二個答案則全盤否定度妍與英美這兩個人選的能力，並提出完全不在考慮範圍內的詩英。

**言外之意**

**其實你說的都不怎麼樣。**

「乾脆」跟前面提過的「你竟敢！」，都有輕視對方的意思，除非說出這句話的人能做進一步解釋，否則很容易讓人覺得對方並不在意他人的想法。

**情境實例**

提出與他人不同的意見是ＯＫ的，不過，有些對方很重視的決定，例如：未

味覺篇

來職涯的發展方向、是否該考證照、花大錢購買得等好幾個月的限量商品是否值得……等，你一句輕率的回答，可能就會讓那個重要的決定顯得微不足道。

**「我今天付了婚宴會場的訂金。」**

**「真的喔？訂在哪裡？」**

**「我們決定辦在○○○。」**

**「咦？如果要辦在那裡，乾脆辦在◇◇◇不是比較好？還有□□□也不錯啊！」**

有些人生中的大事是牽一髮而動全身的重要決定，無法輕易說變就變。關於這類的選擇或決定，其實當事人大多已有答案或定見。雖然對方並未明說，但其實他期望你給予祝福和鼓勵，而不是批評或大唱反調。但有些人就是會提出在腦海中一閃而過的點子（真的就只是「閃過即逝的想法」），此外，他們還會額外加一點「辛辣的醬料」，以「**與其這樣**」作為開場白。就連在他人難以選擇，又或無法重來的重要事件上，也會運用這句話。

以下的例子會讓你看到，「乾脆」這個詞是多麼自以為是，又有多讓人不舒服。

「終於確認寶寶的性別了，是兒子，呵。」

「恭喜～不過你們夫妻還是乾脆生女兒比較適合耶！」

這是我親身經歷的真實例子。孩子的性別怎麼能用「乾脆」來論斷呢？說話時的慣用語或口頭禪真的要特別注意，不然很容易給自己減分。

**溫馨提醒**

在認知行為治療中，有個方式是「與自己做朋友」，這樣能讓我們後退一步，拉開心理距離，站在他人的角度看待並談論自己，並更好地面對負面情緒。

即使是對自己說出想說的話，也要站在第三者的角度才容易說出口，更何況要對他人說真話？就算你覺得那只是個隨口說說的建議，在對方聽來也可能就像在他的內心放上一個沉甸甸的秤錘，感到沉重無比。

## 乾脆

破壞力 ★☆☆☆☆ 或 ★★★★☆
後座力 ★★☆☆☆
習慣使用度 ★★★★★

**類似說法：**

# 就用這個如何
# 與其這樣，不如……

**弦外之音：**

# 還是別那樣做吧
# 那樣做不好吧

# 我覺得不怎麼樣

## ——沒有任何理由，我就是覺得這樣——

有次我正和朋友聊自己喜歡的音樂，包含我在內共有四個人。我們除了聊音樂，也談到歌手。老實說，我不太認識近期的歌手，所以只是在一旁聽其他人的意見。

「**我覺得不怎麼樣。**」某個人提到歌手「金善宇（假名）」時，另一個人立刻像這樣打斷了對方的話。

其實我也很喜歡金善宇，本來打算興高采烈地附和，想不到被別人的否定潑了一盆冷水，讓我從頭冷到腳，所以我閉上了原本要張開的嘴巴。

那個一腳踹開金善宇的人，還舉了另一個形象類似的藝人，進一步說：「**李珉圭（假名）也很討厭。金善宇和他感覺都差不多，兩個都不怎麼樣……**」



味覺篇

有些人談到與自己的價值觀或想法不同的事情時，會直接了當且果斷地表達自己的看法，彷彿那就是真理，也是唯一的準則，就像紅綠燈代表可以前進或禁止通行，當他人與自身的觀念不同時，他們就會猛然亮起紅燈，警告對方。

每個人都有表達自己喜好的自由，看法不合有那麼嚴重嗎？這是因為站在聽者的立場來看，說話者覺得不怎麼樣的那個對象所包含的範圍可能不太相同。

**言外之意**

**你的眼光實在令人不敢苟同。**

在上述的例子中，被說話者認為「不怎麼樣」的對象，可能並不只有金善宇，還包括了喜歡金善宇的那個人。

當與人滿懷興奮地分享自己喜歡的事物，而那份愉快的心情卻被斷然否定的瞬間，就好似突然有顆網球飛過來，卡進嘴巴裡。

情境實例

**「你的女朋友很漂亮耶！」**

**「你看到囉？謝謝！哈！」**

**（朋友一號登場）「你說他的女友很漂亮？」**

**「嗯，跟孫藝珍長得超像的！」**

**（朋友一號）「喔，我覺得孫藝珍不怎麼樣。」**

習慣說「不怎麼樣」的人，通常喜歡破壞氣氛，傳播負能量，也很以自我為中心，他們認為因為自己不喜歡（或不認同、做不到），所以別人也不該喜歡（或做不到）。

我們再來看另一個例子。

**「為了讓使用者能夠馬上確認，我們把這些文字放在服務的主要項目裡如何？」**

「嗯，我覺得這樣做不怎麼樣耶！」

「喔，是喔？那麼使用者就得對整個流程很瞭解才行。如果在登入帳號後可以先用這些文字做提醒……」

「一定要嗎？這樣好像也不是很ＯＫ耶……感覺好像會沒注意到就直接跳過去。」

「那麼你覺得什麼方法比較好呢？」

「喔，我也沒有什麼好點子。就……嗯。」

（同事一號登場）「那麼我們把方向再擴大一點，將相關功能整合在一起，重新設計選單呢？」

「喔……但那樣做好像又很麻煩耶。」

所謂的「意見」並不一定是有正確答案的是非題（事實上很多時候根本無法確定究竟該怎麼做才比較合適），但至少在提出反對的意見時，必須有符合邏輯的根據才行。

**換個說法會更好**

光是否決他人的建議，並不能讓人得知你的想法；能有條不紊地好好闡述自身的觀點，才是有效表達意見的正確做法。

希望大家不要像偏食的小孩那樣，只是不高興地用力推開討厭的食物，而要能具體說出自己喜歡和討厭的理由。

我們在和人談話時，不論你覺得自己的想法有多正確，不妨都先把它看成只是個人意見，而非絕對的真理。現在，就先試著用「**我的看法是……**」來替換如何呢？

## 我覺得不怎麼樣

破壞力 ★★★☆☆
後座力 ★★★☆☆
好感度 ☆☆☆☆☆

**類似說法：**

# 那只是你個人的想法
# 嗄？
# 我不認同耶

**正向表達法：**

# 我覺得……

# 就憑你？

## ——你根本沒資格好嗎！——

我搭捷運上班時，看到一位穿西裝的男性拍了另一名男性的肩膀，顯然他們是偶遇的朋友。

「咦？你怎麼在這？要去哪裡？」

「去上班啊！你呢？」

「我？我也去上班啊！」

「你找到工作了？」

「對啊！終於找到了！」

「真的？就憑你……？」

聽到對方不以為然的反應後，剛找到工作的那個人只是笑了笑，沒說什麼。後來，瞧不起人的那位下車了，只見後者馬上收斂笑容，翻了白眼悄聲罵了句髒話，不曉得是在問候那個人的媽媽還是爸爸。

「**就憑你？**」這句帶著反問語氣的話，背後的涵義代表「你沒資格，你不配，你的實力不可能讓你得到這麼好的結果」，這麼被輕視和貶抑的話語，無怪乎聽到的人會氣得牙癢癢的。

**言外之意**

**別騙人了！你哪有那種能力？**

生活中總有一些人，是以諷刺、打擊別人為樂，愛用語言欺負或攻擊他人。

當聽到某個人的好消息，但認為對方絕不可能有那樣優秀的能力，只是運氣好才成功，就會用表示嗤之以鼻的聲音說出這句話，潑他一把一月底的漢江冷水*。與對方喜不自勝的模樣相比，說話者顯得既冷靜又睿智。

「**姊姊，我術科考試合格了。**」

「**欸？就憑你？**」

「**什麼？對……就合格了。**」

「**我還想說你不擅長術科，所以合格的可能性很低的說。**」

這句話的主要功用，在於將對方限制在自己畫出的範圍內，對方有沒有資格，是由你認定。

「**我結婚了。**」

「**哈哈哈哈！就憑你？**」

＊漢江位於韓國首都首爾，以二〇二一年一月最後一週為例，首爾當日最低氣溫曾低於零下十度。

**情境實例**

這句話是但凡會說韓文的人，都能完全發揮其威力。不，就連不太懂韓文的人也可以輕易做到。

「Chris～你過得好嗎？」

「Hey～我郭低很豪啊～堆了，how is your job search going?」

「找工作？喔～找到了啊！」

「What? 就憑你？」

「欸？喔……Chris 你的韓文進步很多耶！」

**溫馨提醒**

這句話也適用於回應未來可能發生的情況，但力道會比用在已實現的好事上稍弱，畢竟事情尚未發生，結果會如何還很難說。

味覺篇

**「爸、媽，我今年真的可能會及格耶！」**

**「哎喲，就憑你？」**

若事情一如預期，朝不好的相反方向發展，之後對方可能還會幸災樂禍地說：

**「我不是跟你說過了嗎？」**

### 換個說法會更好

拳王阿里的高中老師曾對他說：「你是絕對不可能成功。」他把這句話時時刻刻銘記在心，作為奮發向上的動力，不論碰到任何艱難或痛苦都會努力忍耐，並咬緊牙關接受訓練，最後終於獲得世界拳擊冠軍。

他奪冠後立刻去找那位老師，當著所有人的面說：「雖然妳曾瞧不起我，說我絕對不可能有所成就，但現在我是冠軍了！」之後阿里也數度表示他是因為遭受那位老師的冷言冷語，激起了他不服輸的心，才能成就現在的自己。

有人說最能刺激一個人報復心的方法就是輕視對方。如果你想四面樹敵，這句話就是最好的選擇。

另外，這句話的正向表達法也很簡短，那就是「**你真棒！**」或是「**真有你的！**」

---

**就憑你？**

---

**破壞力** ★★☆☆☆

**後座力** ★★★☆☆

**顧人怨程度** ★★★★☆

**類似說法：**

# 最好是

# 你做不到啦

# 算你狠

**弦外之音：**

# 你要這樣過到什麼時候

**正向表達法：**

# 你真棒

# 真有你的

# 我就知道你做得到

---

# 這樣下去該不會○○吧？

## ——讓人期待的大事即將發生——

恩惠與慧美兩人是很要好的同事，午休時間她們常會一起出去吃飯，有時假日也會相約逛街。但不知從何時開始，兩人就變得很疏遠，同進同出的場景已不復見。

就在我好奇她們為什麼會漸行漸遠時，就聽到其他同事說到她們吵架的事。只是這並非唯一的原因，壓垮駱駝的最後一根稻草就在於恩惠說話的習慣。

「妳最近好像不常和男友見面耶？」

「對耶，男友一直很忙……我覺得自己好像有點被忽略了。」

「這樣下去妳男友該不會劈腿吧？」

恩惠凡事都傾向負面思考，與人談話有時也會傳遞負面能量。她的這番話猶如詛咒，讓原本就已經很擔心戀情的慧美聽了非常不高興。

雖然事先預想最糟糕的情況，可以提前審視擔憂的事情，當壞事不幸成真時因為已有心理準備或有應對之道，不至於受到太大的打擊。不過這種「不自覺往最壞的地方想」的說話方式，讓慧美覺得不舒服，有時她甚至不認為恩惠是出於擔心才那麼說的。

**言外之意**

**想到會變成那樣就覺得很有趣耶！**

如果你認為當事人沒有想到最壞的結果，那可就誤會大了。對方極可能是刻意將壞結果送到月球的另一面隱藏起來，用鴕鳥心態逃避現實，因為他們擔心一旦說出最壞的結果，反而會增加那件事發生的可能性，哪怕只是多了百分之零點零一的機率。

味覺篇

因此，不管你說這句話的意圖是什麼，「假設最壞結果」的說話方式，對改善狀況並沒有幫助，反而會讓人產生像慧美那樣的感受，認為你似乎是在幸災樂禍。

**情境實例**

❶「**我聽說今年學測的難度會提高耶！**」
「**這樣的話，該不會你三年的辛苦全都白費了啊？**」

把最壞的狀況說出口，等於是將對方預期可能發生的可怕事實明擺在他眼前。光是聽到你說出來，對方就會產生世界末日即將到來的感覺。有時說出這種話的人，常常沒發現自己的嘴角是上揚的。

❷「我怎麼會說出那種話呢？唉！這次智恩可能不會原諒我了。」
「這樣會不會你連之前送給她的禮物都拿不回來啊？那些東西很貴耶！」
「什麼？」

我們或多或少都遇過「白目當有趣」的人。這樣的人想到說什麼就說什麼，有時甚至會覺得自己只是講話比較直接，不會拐彎抹角。但說話不懂得修飾，只會給他人不好的感受，任誰都不想接近這種講話帶刺的人。

好的說話技巧要考慮別人的感受，進而提出自己的建議，這才是真誠的表現。即便是出自於好意，愛講傷人的話也不可取。

**溫馨提醒**

你確定自己是要安慰別人嗎？對方已經夠擔心了，你這樣說無疑是雪上加霜，讓情況變得更糟。即使對方不說什麼，但你們兩人可能直接陷入沉默，只剩下大寫的尷尬兩字。

味覺篇

當對方向你訴說自己的煩惱或擔憂時，先避免把自己內心的聲音全盤托出，只要講你覺得最無傷大雅的部分，並在情緒上支持對方。

**這樣下去該不會〇〇？**

**破壞力** ★★★★☆
**後座力** ★★☆☆☆
**顧人怨程度** ★★★★☆

**類似說法：**
# 該不會〇〇吧
# 我不是早說過了嗎

**弦外之音：**
# 難道不會發生什麼事嗎

# 這才是最棒的

## ——就是這樣，沒有之一——

「我昨天看電視，發現徐玄振真的很漂亮耶！」

「講到演員，當然是全智賢漂亮啊～徐玄振也比不上全智賢。」

「雖然全智賢也很漂亮，但我更喜歡徐玄振的氣質。」

「NO，NO，全智賢就是最美的。跟全智賢相比，其他人都是普通人。如果是韓佳人，那還說得過去。」

在上一篇文章提到，有人說話總是先想到最壞的狀況。還有一種與之完全相反，但同樣也是討人厭的話，那就是說話時只強調並專注於對自己而言是最棒的那些人事物。

味覺篇

這種人有一套自己的排列順序，他們只在乎對方所說的是否符合自己所認為的標準，絲毫不會試著從他人的角度理解對方的意見或選擇。

言外之意

**你鐵定會認同我的說法。**

和這種人對話時，經常會演變成爭論孰是孰非，即使只是人們閒聊的小事也不例外，像是最近覺得不錯的電影，或是喜歡的藝人等。

他們對於任何話題都會築起一道保護自己言論的銅牆鐵壁，絕不退讓，擺出一副「有本事你來推倒啊！就跟你說這個最棒！」的高傲姿態。碰到與自己觀點不同的人，總是會爭辯到面紅耳赤，非得分出個輸贏才肯善罷干休。

情境實例

❶「我昨天買到一雙便宜的運動鞋，沒想到比想像中還好穿耶！」

「是N牌的嗎？鞋子就一定要買N牌啊！」

這種人覺得自己手上拿的必定是能讓對方輸得心服口服的王牌。如果膽敢提出質疑，他們就會發動更猛烈的攻勢，將對方引誘到他們的鬥狗場裡。

「喔，是喔？哈哈。對啊，N牌的鞋子確實很好。」

「豈止是很好而已？哎喲，A牌的運動鞋只比襪子再好一點而已，幹嘛買！」

「我穿起來還可以啊⋯⋯」

「你腳上的細胞都死了嗎？怎麼會覺得穿起來還可以？」

❷把注意力都放在自己覺得最棒的事情上的人，如果和前面文章喜歡說「我覺得不怎麼樣」的人對話，這種不對盤的組合，會讓彼此一見面就使用言語暴力攻擊對方。

味覺篇

不怎麼樣一族：「我聽了這次SHINee的新歌，覺得很不錯耶！」
最棒一族：「才怪！男子團體當然是BTS最好！」
不怎麼樣一族：「我覺得BTS不怎麼樣。」
最棒一族：「喂！偶像中有比BTS更厲害的團體嗎？他們可是得到全世界的認可耶！」
不怎麼樣一族：「我就覺得不怎麼樣，一定要有理由嗎？」

❸最棒一族會讓人痛苦指數飆升至最高的時刻，就是要和他們一起做決定時。尤其是對彼此都很重要，但又必須相互協調、達成共識的情況，例如：結婚、旅行等。

「飯店說之前的預約出了問題，所以會帶我們去住其他房間。」
「什麼？才不要！威基基海灘要從我們原本預約的那間房裡看出去，才能看到最棒的景觀。」
「飯店人員已經道歉了，價格也會幫我們減半。而且在其他房間看到的景色也差不多。」

「蛤……才不一樣。從正前方就能看見大海的房間，和得偏斜角度才能看見海的房間怎麼會一樣？這些人怎麼這樣辦事？」

「親愛的別這樣，我們好不容易出門旅行，你非得因為這種事搞得心情不好嗎？」

「就是因為好不容易才來，更應該享受最棒的啊！你覺得那個房間會比正面面對大海的房間還要好嗎？」

**溫馨提醒**

當自己所選擇的事情（無論是工作、結婚的對方、崇拜的藝人……等）比其他人更優秀時，會產生自身地位也隨之提升的優越感，做出凡事都對人下戰帖的行為。

此外，這類人的選擇多半也很主流，容易引起共鳴，所以當別人與他們的意見不同時，就能理所當然地與人爭論，說出「大家都這樣認為」的話。一旦遇到與自己站在同一陣線的人，也能享受同溫層世界的美好。

他們的喜好是根據世俗的標準，例如：男子團體就是BTS、鞋子就是Nike、筆電就是macbook、演員就是宋康昊。

**換個做法會更好**

對話需要雙向交流與溝通，而不是只聽一個人侃侃而談。

同一件事，不同人會有不同的看法，如果只執著於自己的想法，不願接受與自己相左的意見，那麼他就不會聽進別人的話。又有誰會願意跟一個自以為是的人聊天呢？

**這才是最棒的**

**破壞力** ★★★☆☆

**後座力** ★☆☆☆☆

**習慣使用度** ★★★★★

**弦外之音：**

# 那對我行不通

# 那個不對

# 你這樣不對吧？

## ──我說的才正確──

我認識一位前輩，在知名企業擔任管理職，既聰明、有能力，也有俊秀的臉孔和修長的身材，因此給人的第一印象總是很好，而他對自己也很有自信。

不過如果要介紹他與其他人認識，我總會猶豫不決，心理壓力很大，大概是因為他經常掛在嘴邊的那句話：「這樣不對吧！」

我就有過慘痛的教訓。之前前輩說他需要一些其他行業別的專業意見，於是我將他介紹給我一位學長。一開始似乎進行得還算順利，但當他們意見分歧時，前輩就啟動了抗拒模式，不斷反駁對方的說法。

**「欸，不對吧！那個按鈕應該要放在這裡才對。」**

「咦？我是根據這類型服務最近所偏好的版面設計提出意見的。前輩您看這個應用程式……」

「即使如此但還是不對。你想想看，一進到這個畫面，使用者一定會先在這裡找按鈕，不是嗎？」

「從傳統的觀點來看您說的沒錯。不過您說是以二十幾歲的女性為主要客群，所以我說的這種方式也是很好的選擇。以這些女性為目標的服務中，已經有很多跳脫傳統設計的應用程式……」

「嗯，不對。還是按照我說的去做比較好。我們來看下一個內容吧！」

如果你絞盡腦汁想擊破這個前輩的盾牌，那是不可能的事。他之所以那樣說話，並不是因為他很肯定對方是錯的，而是如果他承認自己錯了，就代表承認自己不如別人，這對一向自信滿滿、充滿優越感的他來說，可不是件容易的事情。

言外之意

❶我比你還厲害，所以我說的才正確。

❷雖然我已經試圖聽你解釋，但那跟我想的不一樣耶！所以你就別再說了。

相信你一定遇過這種人，就是不論對方說什麼，他總是習慣性地否定別人，往往還伴隨著搖頭、皺眉等動作。

但等他發表自己的意見時，你可能會發現，其實他的建議也沒多高明，又或只是把你的觀點重複一遍。他只是為了反對而反對，因為對他來說，否定就是自信與權威的表現。

味覺篇

**情境實例**

❶

「彥真，我決定推動A企劃。」

「不對吧！B企劃比較好吧？」

「欸？但我的專業是A耶……我從去年開始就在準備，所以才接下來的。」

「就算那樣還是不對啊！B才是主流！」

這類人可能只是單純不想採信別人的意見，所以會不假思索地打斷對方。在他們提出反對竟見之前，似乎根本就沒有認真在聽對方說的到底是什麼。

❷

「所以之後就按照這個方向……」

「欸，這樣做不對吧！」

「喂！你為什麼總是說『不對』啊？你說說看到底哪裡錯了。」

「跟你說你也不知道。」

「你要說才會知道我到底知不知道啊！」

「才不是那樣，你一定不懂啦！」

這句話之所以好用，就在於即使是自己完全不擅長或不知道答案的事，也可以完美地使用。因為這代表「對的事情」雖然有理由，但「不對的事情」缺乏正當性也無妨。如果妥善活用，還可以一再重複。

**換個說法會更好**

嘻哈團體 Epik High 的成員 Tablo（李善雄）是史丹佛大學的碩士，就讀長春藤名校的背景讓他備受矚目。然而人紅是非多，被抹黑與毀謗的惡意中傷也隨之而來。

當時韓國正好掀起一波追查假學歷的檢調行動，Tablo 的優秀成為把柄，於是網路上開始出現質疑他學歷的聲浪。即使他出示成績單、畢業證書與校方的官方證明等，仍無法取得許多網路鄉民的信服。後來，輿論甚至把他的家人全都挖出來徹底清算，造成 Tablo 哥哥失業、爸爸精神壓力太大，生病去世。

像這樣，人們一旦認為是正確的就不容易改變想法的傾向，就是所謂的「確認偏誤」。這是一種「只看想看的、只聽想聽的」心理，不願接受的部分，只要無視就好。

下次當我們想要否定別人時，也許可以停下來問問自己：**我真的看到全貌了嗎？**

## 你這樣不對吧

破壞力 ★★☆☆☆
後座力 ★☆☆☆☆
鬱悶程度 ★★★★★

**類似說法：**
# 那只是你的想法
# 嗯，不對
# 答案是NO

**弦外之音：**
# 我認為我說的才正確
# 為什麼我不能持反對意見

**相反詞：**
# 聽起來很有道理耶
# 我的想法是……

# 我一看就知道

## ——你問我怎麼知道，一看就是那樣啊！——

「你生氣了吼？生氣了吧？」

「我嗎？」

「我一看就知道。你的確有理由生氣啊～沒關係啦！」

說出口的話就代表一個人內心的所思所想，性格是什麼樣子的，都能藉由口頭禪展現出來。

常說「我一看就知道」的人，他們會輕易說出（自認為）與對方有關的資訊，並且就對方完全沒提及的事情發表高論。尤其是對心理學、星座、算命等領域感興趣的人，更會做出快速又犀利的評斷。如果事情真如自己所料，那肯定就是自己神機妙算；如果失誤，那一定是有什麼出乎意料、不可控的變數存在，絕不是自己的推算不夠精準。

聽到這種話常令人忍不住在內心翻白眼，雖然表面上會禮貌性地不說出來，但心裡的ＯＳ卻是：「你一看就是那樣？到底是看哪裡，又是如何看出來的？」

**情境實例**

❶「我最近還滿累的耶！新的業務量太大，讓我晚上都失眠……」

「秀英妳這是憂鬱症初期症狀耶！」

「欸？喔……這樣就算是憂鬱症嗎？」

「妳早上起來是不是覺得身體很沉重？」

「嗯？喔，你是怎麼知道的？」（這不是理所當然的事嗎……）

「我一看就知道啊！我看過很多得憂鬱症的人。」

這世上有不少自信滿滿的假博士，他們擅長運用自己的推理方式和自以為是的知識，快速幫人歸類事情的成因。很多時候他們說的多半是顯而易見的事實，當然很可能瞎矇到。

❷ 達到這個領域的最高境界——「算命等級」的人，在預言他人的未來時也會毫不猶豫地鐵口直斷。

「聽說金小組長被升為組長了？」

「對啊！」

「不過，嗯……我覺得他不適合當管理者耶！他沒什麼做決策的魄力。」

「但財務組的朴處長也沒有很強勢啊……」

「對啊！所以感覺他也當不久，我一看就知道了。」

**溫馨提醒**

利用心理學的知識，可以分析一個人的性格特點，並看清其弱點和優點。我認

味覺篇

為這是件很有趣的事，也是我為何會進入心理學專業領域的原因。

我會在觀察人們一段時間後，把對方放進不同分類的資料夾中。我認為自己的判斷還算準確，這些分類方式也有利於我和他們談話，因為這樣可以按照對方的性格，以他們喜歡的方式展開對話，有效溝通。

話雖如此，但我也知道每個人都是不同且複雜的。擁有「一看就知道」能力的那些人，只是輕率且又強勢地以自己熟悉的分類方式來看待世界。

**換個想法會更好**

所謂的性格類型，是心理學家為了讓人們簡單分辨並理解不同的個性，因而按照一定的原則將人格簡化。很大的程度來說，是籠統的陳述。「一看就能知道」的東西，其實也僅限於那些表面上能見到的事物而已。

## 我一看就知道

**破壞力** ★★★☆☆

**後座力** ★★★☆☆

**預知能力** ☆☆☆☆☆

**類似說法：**

# 你騙不了我的

# 像你這樣的人

**弦外之音：**

# 我不是說過了嗎

# 不是就算了

# 不是就算了？

## ——怎麼了？我說了什麼嗎？——

「**就憑你？怎麼可能做到！**」「**你這樣不對吧！**」「**這樣下去該不會〇〇？**」「**我一看就知道。**」

這些輕率又自大的預言，日後都要接受命中率的檢視。然而，即使事後預測失準，當初拍胸脯掛保證說這些話的人，既不會向當事人道歉，補償別人所受的羞辱，也沒有絲毫悔意，而是大言不慚地只提到自己言中的部分。

因此面對自己失敗的預言時，他們會說出「**不是就算了**」、「**你幹嘛那麼在意**」這種不負責任的話，藉此撇清當初貶低或誤解對方的傷害性。

味覺篇

**言外之意**

你不要因為沒什麼大不了的事就大驚小怪。

這句話最讓人生氣的地方在於，當說話的人發現自己犯錯時，完全不想面對現實，而是把自己當初說的那些傷人話語視為微不足道的小事，並把關係撇得一乾二淨。

為了掩飾自己丟臉的情緒時，也經常會使用這句話。（誰管他丟不丟臉！）

**情境實例**

❶在結果尚未明朗前，說話的人就先落跑。反正不用面對結果，無須負擔責

任，所以很輕易就能說出口。

**「結果結婚禮服也沒選成，我們又吵架了。」**

**「那妳到時候會不會悔婚啊？哈！」**

**「喂！你怎麼說那種話！」**

**「我只是隨便說說，幹嘛那麼認真，別計較啦！不是就算了。哈哈！」**

❷在已經知道結果的狀況下，當預言失準，為了替自己辯解，說話者需要自我催眠地說服自己，並對外辯稱自己曾說過的那件事只是隨口說說，最後還要再加上大道理來作為收尾，彷彿對方才是犯錯的人。

**「結果那個試鏡啊，只有你保證絕對上不了的英洙通過了。」**

**「我有那樣說嗎？」**

**「你都不覺得對英洙很抱歉嗎？」**

**「幹嘛這時候突然提那個？不是就算了啊！有必要特別跟我說嗎？」**

「如果我是英洙應該會很生氣。」

「拜託，如果別人說的每一件事都牢記在心，會活得很累的。」

**溫馨提醒**

是否在意不是應該由對方決定嗎？但組成這句話的「不是」和「算了」完全不帶有任何道歉的意味。

說句「對不起」或許不會讓別人原諒你，但不說「對不起」絕對會讓別人不僅不能原諒你，更會否定你這個人做的其他努力。

**換個做法會更好**

覆水難收。說出口的話就像潑出去的水，再也無法收回，所以在話脫口而出之前，不能不先三思。

如果用乾毛巾來吸水，多少還是能將被水潑過的地方擦乾淨。若放任不管，水就會滲進地面。勇敢承認自己錯了，拿出毛巾，自己潑出去的水，就由自己來擦乾吧！

**不是就算了？**

**破壞力** ★★★☆☆
**後座力** ★★★☆☆
**冷酷程度** ★★★★★

**類似說法：**

# 我有說什麼嗎
# 你當真喔
# 我是開玩笑的啦

**弦外之音：**

# 有必要這樣嗎
# 這樣需要生氣嗎

# 我不是早就跟你說過了嗎？

——我就知道會那樣——

「妳的臉色怎麼那麼難看？」

「唉……我和男朋友分手了……我該怎麼辦？」

「看吧！我不是早就跟妳說過了嗎？他就是渣男，妳遲早會和他分手。」

「如果你把我的提醒當一回事，就不會有這樣的結果了。」這是說話者的用意，隱約還帶有對自己未卜先知的得意，暗諷對方因為「不聽老人言」而自食惡果。

因為對方沒有將你提出的顧慮放在心上，才會釀成現在的悲劇，所以這時應該跟對方強調「果然被我料中」的事實，日後他才不會又一意孤行，犯下同樣的錯誤。不是嗎？

但請試想，如果易地而處，當你發生壞事，心裡已經很難受時，再聽到這句話，不是心情更糟嗎？難怪這是排行第一名最令人討厭的無效安慰。

**言外之意**

**我說的話對吧？對吧？我就知道會那樣！（哈）**

這句話使用的就像是巫術式的説話法，當自己預言發生在他人身上的壞事果真發生時，説這句話代表自己是全知全能的先知，也可以展現想炫耀的慾望。

但即使説話的人並未精準命中，也能使用這句話。因為對於聽者而言，對方的預測是否準確並沒有太大的意義，他們已經沮喪到什麼都不在乎了。

**情境實例**

在別人心煩意亂時說這句話，表現出「我早就想到了，你怎麼都沒想到」這樣的自我標榜，甚至還有點嘲弄、幸災樂禍的意味，誰聽了心裡會好受呢？

也有人將「**我不是說過了嗎？**」和「**你看吧！**」這兩句話組合在一起，來表達他也為你感到惋惜，但這聽起來不像安慰，更多是帶有責備的意味。

「**唉……我在最終面試時被刷掉了。我還以為這次能被錄取……**」

「**真讓人失望耶……但我不是說過了嗎？面試前一天晚上我就叫你不要跟朋友去喝酒，如果當時你能早點回家準備，現在就不會這麼慘了。你看吧！誰叫你不聽勸。**」

**溫馨提醒**

在某件事已經有了結果，無論之前有沒有做過預判，都會產生「我早就知道了」的想法，稱為「後見之明偏誤」。很多人也會因此扭曲記憶，認定事情發生前，自己本來就是那樣想的，也就是俗稱的「事後諸葛」或「馬後砲」。

這種人會覺得一切都可以被自己預測，因而對自己的判斷過於自負，也不會仔細檢視事情發生的真正原因。

如果我們能思考事情相反的一面，也就是原本該發生的事情為何沒發生，或許就能夠以更細微的觀點來看事件的因果關係，避開「後見之明」的認知誤差。

**換個說法會更好**

或許既有的結果令人難以接受，但你可以鼓勵對方：「**如果你當時可以……可能就不是今天這種結果了。對你來說，這未嘗不是個能記取教訓的機會。**」

你還可以進一步說：「**我知道你現在很難過，你想要談談嗎？**」這類的話語，從同理心出發作為安慰的起點，讓對方感覺你能對他的失落感同身受，明白你是真心關心他。

味覺篇

**我不是說過了嗎？**

**破壞力** ★★★★☆
**後座力** ★★☆☆☆
**顧人怨程度** ★★★★★

**類似說法：**

# 看吧
# 我早知道會那樣
# 你到底有沒有頭腦啊

**弦外之音：**

# 我只是實話實說
# 你總是那樣

# 我只是實話實說

## ——我又沒說錯——

很多時候，可能人們會覺得自己說話已經很委婉了，但有些詞句本身就帶有批判他人的意味。就像「**我只是實話實說**」這句話，就很容易使對方產生「被否定」的感覺。如果是用於回應他人的想法，雖然你的本意並非認為對方很糟或是錯的，但這句話某種程度上就是在暗示對方「我說的才是對的」。

**言外之意**

我跟你說的是實話，所以沒關係吧？說實話總比說謊好吧！

實話實說並沒有錯，但實話往往也很傷人。

味覺篇

有人說話自以為坦白，或只是開個玩笑，但其實已經傷害人卻不自知。
知道事實卻保持沉默，並非就是說謊，因此，說實話並非是不說謊的唯一選擇。

**情境實例**

❶「我準備了三年耶……唉……現在該怎麼辦？」
「別太擔心，你家很有錢，回家跟父母要就好了嘛！」
「喂！你怎麼那樣說話？」
「幹嘛啊！為什麼要生氣？我只是實話實說啊！」

這句話的重點，在於說話的人確信自己的坦誠只是純粹在表達事實。

❷「他們問我學分怎麼會這樣低，我就老實說我念大學時都在玩。」
「真的假的？在面試的時候？」
「嗯，你也知道我很誠實嘛！哈！」
「天啊……如果你被刷掉怎麼辦？你不是很想進那間公司嗎？」
「欸？沒有啊，沒有啦！我沒那麼想進去啦……」

有時我們會為了避免說更大的謊言而必須撒個小謊，透過有限度的誠實，掩飾自己不願坦誠的部分。

**溫馨提醒**

真誠很重要，但EQ更可貴。與人說話時，要顧慮對方的感受，而不是直接說實話。

因此，有時候我們不但不能實話實說，還需要說「口是心非」的話。因為大部分的人都喜歡聽好話，喜歡被稱讚。

味覺篇

盡量不傷害別人的感情，是做人的基本修養。有些事即使對方要求你說真話，你也不能全盤說出。言盡則無友，說話還是要留餘地給對方和自己，固然不能信口開河，但也無須知無不言，可能會引起是非紛爭的話也絕對不說。

此外，在表達意見時，最好戒掉「**我只是實話實說**」「**坦白說……**」「**事實上……**」這類詞語，以避免產生不必要的誤會。

---

**我只是實話實說**

---

**破壞力** ★★★☆☆

**後座力** ★★★★☆

**真誠指數** ☆☆☆☆☆

**類似說法：**

# 這是事實啊

# 我連這種話都不能說嗎

# 坦白說

**弦外之音：**

# 我本來不打算跟你說的

---

# 如果是外人，根本就不會跟你說這些
## ——我不是外人吧？——

有些人覺得將人分成「你」、「我」很重要。他們非常明確地劃出雙方的界線，然後只對屬於自己這方的人好。

這樣做其實倒也無妨，問題在於他們還會要求跟自己同一方的人，必須擁有和自己一樣的價值觀。當他們說出對方無法接受的話時，就會回應這句話。

**言外之意**

我們是同一國的啊！所以我想說的都會毫不保留喔！

我怎麼會變成跟他那一國，以至於聽到別人沒資格聽到的珍貴話語呢？他又是用什麼樣的標準，將無法享有這種超值優惠的人區分成外人的呢？

根據 Naver 韓語字典，「外人」的定義是：

1. 自己以外的其他人。
2. 非家屬的外人。
3. 沒有任何關係或是斷絕關係的人。

因此，根據彼此關係的親疏遠近，「外人」可能是指「單純只是他人」，又或是「對我而言不重要的人」。然而，那些自認為並非外人的人，在對方看來，根本並非如此。

也就是說，說話者是把對方當成自家人，所以才會實話實說；但聽者的感覺是：「就是因為你說話總是沒禮貌，我才想跟你保持距離。」

情境實例

「因為我把你當自己人，說話就會很直接。」

把別人當自己人，但你做的事讓別人不高興，難道別人就不能用外人的方式對待你嗎？

「婚姻生活會不會很辛苦啊？」

「常常吵架囉！哈！不過怎麼了嗎？為什麼這樣問？」

「沒什麼啦！你聽了可別不高興。只是我早就知道你會很辛苦。我其實滿反對這樁婚事的，你要不要重新考慮看看？我是想說這些啦！」

「嗯……學長，你說這種話有點……」

「哎喲！如果是外人，根本就不會跟你說這些！你仔細想想我說的吧！」

「（這傢伙搞什麼？你當然是外人啊！難道我老婆才是外人嗎？）」

味覺篇

**溫馨提醒**

說真話沒問題，但即使是實話，也可以委婉地說。

即使不是外人，該說和不該說的話都有一定的準則。否則，親近的長輩會心存「因為我把你當成自己的孩子」的想法，自以為有資格說那些教訓人又不禮貌的話，還要我們就像聽從父母的命令一樣照單全收。

此外，我們也不能覺得彼此關係親密，就理直氣壯地認為即使對方聽了那些話會覺得不舒服也無所謂。不論是對外人還是自己人說話，都要設身處地為人著想。

如果你真的是為對方好，可以舉出明確的例子，說明你規勸對方的事如何能改善他的生活。

**深入思考**

試著想想：你是否雖然沒將這種拉近關係的話說出口，但實際上卻以「與對方的關係親近」為名，說出同樣也很討人厭的話語？我們又是否會在不知不覺中，因為認為「我跟你又不是外人」，而讓家人或好友感到受傷？

此外，與其說是憑藉彼此關係的親疏遠近來決定什麼該說、什麼又不該說，其實「你是什麼樣的人」更重要。如果你對於對方而言是重要的人，即使彼此並非摯友或深交，說的是微不足道的小事，對方也會傾聽。光是你的存在就能給對方帶來安慰。

**如果是外人的話，**
**根本就不會跟你說這些**

破壞力 ★★☆☆☆
後座力 ★★★☆☆
多管閒事程度 ★★★★☆

**類似說法：**
# 我連這些話都不能對你說嗎

**弦外之音：**
# 因為我把你當成是自己的孩子才會跟你說

# 難道我還不如外人嗎？
## ——你怎麼可以對外人比較好？——

男友在別人面前非常有禮貌又和善，但與女友相處時卻沉默寡言，有時看起來還心事重重。

女友會在同事閒聊時有說有笑，但在男友面前卻總是鬱鬱寡歡，很少展露笑容。

但這種情況並非一開始就如此。他們對彼此都很忠誠，所有事情也會以對方為優先考量。只是，現在雙方對彼此而言都成了空氣般的存在。

是不是變心了？是不是不再愛我了？還是移情別戀了？如果真是這樣，還要繼續維繫這段感情嗎？各種糾結的想法開始在腦中盤旋，這些內心掙扎在某一天突然再也無法忍受，讓人忍不住質問對方：「**為什麼對別人比較好？難道我還不如外人嗎？**」

有些人如同上篇文章所說，認為自己不是外人就隨便亂說話，但也有些傻瓜在別人面前親切又友善，但與親近的人相處時，惡劣的言行卻判若兩人，令人避之唯恐不及。這篇文章就是獻給那些傻瓜（包含我在內）的。

為了避免使雙方關係陷入更深的泥沼中，請參考以下三點建議。

言外之意

**❶ 正因為對方是外人，所以應該對他們比較好。**

沒有人會立刻就對初次見面的人敞開心房。我們都是在與人進一步熟識之後，才會說出內心話。因此，在尚未達到一定的親密程度之前，甚少會將對於對方的不滿表露出來。

相反地，我們在親近的人面前會大方展現自己的負面情緒，也忽略對方的感受。這樣的行為，會讓親近的人誤以為你更喜歡他人、會站在對方的立場著想。其實事實並非如此，而正是因為對方是自己不熟識的人，所以更要客氣地以禮相待。

**❷ 因為沒打算深交，所以在表面上裝客套。**

對親近的人所產生的不滿並非突如其來，而是逐漸累積的結果。彼此認識越久（這與是否喜歡對方無關），就越難忍受對方不好的一面。因此當關係越親密，就越容易下意識地朝對方動怒。

然而，如果沒有與對方長期交往或進一步當朋友的意願，自然比較沒有機會看見彼此隱藏的那些樣貌，也不會要求對方包容自己的不滿。不將內心真實的感受表達出來，就代表雙方關係沒必要比現在更親近。

**❸ 我相信我們的關係經得起這種程度的碰撞及考驗。**

我們和親近的人在一起時會比較放鬆自在，如實展現自己真正的樣貌。這代表我們相信彼此的關係夠堅固，足以接受真實、不做作的自己。亦即和某人越親近、越信賴時，就會認為這段關係能持續發展。

深入思考

《愛的藝術》的作者弗洛姆（Erich Fromm）在書中指出，愛並非自然流動，愛是要參與的。愛並非一種不論我的態度如何，都會被動地靠近或停留的情感，愛是一種主動的活動。

事實上，本篇文章的目的不在於解決「你是否不如外人」的問題，而在於「理解對方之所以對外人比較好」的緣由。

你是否在不知不覺中已不再珍惜這段感情？是否不斷抱怨對方不像以前那般願意接受表現真實個性的自己？希望人家能藉由這篇文章的內容來自我檢視這些狀況。

現在就起而行，對珍貴的他付出愛吧！說不定對外人更好的他，比任何人都需要你給予安慰。

味覺篇

# Chapter 4
# 視覺篇

## 真可怕！令人不忍卒睹

在一觸即發的關係上又火上加油，
會把事情鬧大的那些言語

# 你有證據嗎？

## ——那你告訴我是幾點幾分幾秒發生的啊！——

我念國小時，有個叫英蘭的同學，她超級擅長跟別人吵架。她的必殺技就是：

「**你告訴我幾點幾分幾秒發生的？**」

「你上次不是那樣說嗎？」

「**我什麼時候說了？我哪有！我是幾點幾分幾秒說的啊？**」

聽到這句話的對手，（對方腦筋還轉不過來，連「為什麼得記得那麼清楚」都還沒來得及爭辯）總會絞盡腦汁回想詳細的時間點，並大聲回覆：

「**上週！週、週三？體育課時？**」

結果，對方在回答的那瞬間就輸了。因為這種問題不僅很難回答出正確的時間點，就算真的記得，那位吵架高手也已經準備好應對之道了，像是「**我那時沒有那樣說啊！你亂講的吧！**」或是「**叮！秒錯了！**」之類的。後來的爭論便會聚焦在正確的時間點上，原本爭執的話題變得越來越失焦。

或許你會說，這只是小孩子的雕蟲小技，但難道大人就不會這樣做嗎？我相信現在你身邊也有不少人在使用類似的說話方法，也就是要有明確的證據，才能繼續進行對話。

**言外之意**

**要吵架，我只靠有憑有據的事實或資訊。**

為了判斷是非對錯，是否有明確證據當然很重要。然而，若只想證明自己的想法是正確的，但實際上並沒有所謂的「標準答案」，只是每個人的角度不同所以會有不一樣的看法時，那就是另一回事了，不能等同視

視覺篇

之。原本能簡單化解的爭執，也會演變成更大的衝突。

情境實例

**「聽說最近有一個叫崔〇〇的演員還滿紅的。」**

**「何以見得？」**

**「我身邊的人都那麼說耶！電視上也常出現啊！」**

**「哎喲，那算什麼，我才不那麼認為！」**

這句話是人們在談話之間，凡事都要據理力爭，尤其是想替自己辯護時，最能發揮威力的話了。

**「你不是說結束後會聯絡我嗎？」**

「我哪有那樣講？」
「那麼我是為了你沒說過的話才等到現在嗎？」
「那你有我說過這句話的證據嗎？」

若持續不斷使用這種說話方式，就可能變質成如同法庭上的攻防戰。

「你不是說 iPhone 的預購日是十三號嗎？」
「我哪有那樣說？你有證據嗎？」
「當然有！我錄音了。」
（聽完錄音檔）「雖然我是說會預購沒錯，但我沒提到 iPhone 啊！」
「我們當然是在講 iPhone，不然會是什麼？」
「我剛剛傳了一個截圖給你，你看看。在我們通話之前，正在用訊息討論音樂劇的預約。我覺得從這個話題會聊到 iPhone 的機率很低耶！」

如果你覺得「不過就是手機預購這種小事，幹嘛搞得這麼不愉快？」那是因為你只看到這段關係當下的情況。

其實這種雙方互不相讓的局面之所以會變成常態，是為了避免自己成為屈居下風的一方，因此在日常中養成了竭力維護自己權益或觀點的習慣。

**溫馨提醒**

成熟的人不爭輸贏，而會希望雙贏。

理直要氣和，得理且饒人。不論你與對方爭執不休所依據的理由是否屬實，你一心要吵贏的執念，會傷了彼此的感情，也傷害對方的自尊，後果更難收拾。最後，你是真的贏了嗎？

**深入思考**

若你總是用證據和理論來處理衝突，結果也都很令你滿意，這可能不是因為你很會吵架，而是因為對方懂得包容你。如果是你所愛的人，這種態度更包含了信任與愛。希望你不要被勝利的喜悅沖昏頭，而讓對方對你失去愛與耐心。

在珍貴的關係中，有許多事情是無法靠理論維繫的。畢竟對方不需要勉強自己，和總是堅持己見、連一句簡單的「對不起」都說不出口的你在一起。

**有證據嗎？**

**破壞力** ★★☆☆☆
**後座力** ★★★★☆
**習慣使用度** ★★★★☆

**類似說法：**

# 我什麼時候有那樣說
# 你在講什麼啊
# 我想不起來耶

**弦外之音：**

# 你就講到讓我相信為止

# 我連問都不能問嗎？

## ——真是神祕的問題——

要不恥下問，我們都是這麼被教導的。與其不懂裝懂，勇於提問更具求知的精神。

這話說得沒錯，我也的確透過向人求教而獲益良多。承認自己不懂的勇氣和主動發問的態度都很重要。

但有些人發問時並不是出於好奇，只是將個人的期待用問句的形式加以包裝，並傳達給對方。

「那個……明天假日你能來加班嗎？」

「我上次已經先跟您報告過，明天我弟弟要結婚。」

「喔，是喔！不過你幹嘛那麼緊張啊？我連問都不能問嗎？」

我連問都不能問嗎？當然可以問啊！「提問」比「不問」好。然而，你問這個問題的心態是什麼，那又是另外一回事了。

**言外之意**

一、喔，對啦，我知道不該那麼說。但有什麼關係？我只是問問嘛！

二、不是就說不是啊！直說不就好了！

這句話帶有魔法，可以掩飾你向對方提出愚蠢問題後的尷尬。無論何時，只要我高興我喜歡我願意，就能丟出這句疑問，即使我無法獲得答案，對方也無法質疑我發問的意圖；不論我問任何問題，對方都不能覺得不高興。因為這句話只是個問句，而非肯定句。

你不知道問句是什麼嗎？問句耶！你是豬腦袋嗎？還是笨蛋？喔，對了，這些也都是問句。

**情境實例**

這句話的使用時機，有下面三種情況。

**❶ 暴露自己心思的問題。**

「媽媽很不舒服，我真的很擔心。」

「老婆，這的確讓人很擔心。不過岳母有保險嗎？」

**❷ 對方不喜歡的問題。**

「我是真的很好奇才問的，你為什麼都找不到工作啊？」

「……（竟然問我為什麼找不到工作？到底會不會說話啊！）」

**❸ 明知故問的問題。**

「我晚上應該不能喝一杯再回去吧？」

「什麼！你明明今天早上才親口答應我，說你不會再喝酒的！」

問了不得體、不禮貌、會令人發火的問題，想當然耳，對方會回答：「**你為什麼想知道？**」「**你是因為不知道才問的嗎？**」「**你問這個像話嗎？你還有沒有良心啊？**」

當聽到這種質問時，無疑就是為說出下面這句話打造了最佳時機：「**真是的，我連問都不能問嗎？**」

**溫馨提醒**

你是不是也會問白目的問題呢？這是因為你一旦產生某種想法，就會覺得不吐不快，但卻不思考這段話是否會造成他人困擾或不舒服。這可是一種自我中心的行為。

**換個說法會更好**

愛因斯坦曾說，如果給他一小時，那麼他會把前面的五十五分鐘拿來決定問什麼樣的問題。

人可以坦率，但不要白目。你可以利用換位思考法，訓練自己當個體貼的人。像是在話脫口而出時，先問問自己：「如果我是對方，我會希望自己怎麼做」、「如果易地而處，我對自己的行為會有什麼樣的感覺」。

此外，當你說到某些話題時，如果對方沒有接著說下去，而是立刻岔開，換了一個話題。在這種情況下，很可能是你說的話觸及了對方的地雷點，這時就別硬接著自己原本的話題講下去。

**我連問都不能問嗎？**

破壞力 ★★☆☆☆

習慣使用度 ★★★★☆

厚臉皮指數 ★★★★☆

**類似說法：**

# 你也可以問啊

# 你要我什麼都不說嗎

# 你不想回答嗎

# 我都已經道歉了啊！

## ——該做的我都做了，你還想怎樣？——

**「有些人明明自己做錯事，卻一副只要道個歉就沒事的樣子……對方的傷口明明都還沒復原。」**

某個知道我正在寫書的友人如此跟我說。他問我這是不是也算討人厭的話。當然算啊！

這種道歉方式會挑起好不容易平息的戰火，絲毫感受不到對方悔改的誠意，與其如此，還不如別道歉。

言外之意

你想要的不就是這個嗎?難道我這樣做還不夠?

許多人道歉,不是為了說「對不起」,而是為了對方的「沒關係」。當對方不願意原諒時,道歉的人就會覺得對方是無理取鬧、蠻橫霸道,然後這句金句就冒出來了……

有看過欠錢的人比債主還凶的狀況嗎?這句話就帶有這樣的意味。欠錢的人還氣勢凌人,聲音大過債主,這世上還有天理嗎?

情境實例

「今晚的聚會要夫妻一起參加。我到妳公司附近會再打給你。」

「今天一定要跟他們見面嗎？」

「怎麼了？妳心情還是不好嗎？」

「說實話，是有一點。」

「唉……可是我都已經道歉了啊！」

人們在惹對方生氣後，常會說這句話企圖安撫對方的心情，但他們道歉並非真心有悔意，而只是想息事寧人。

因此，他們的道歉常帶有焦躁的情緒。雖然希望能獲得對方的原諒，但他們的道歉是否具有誠意，標準卻由他們決定。若持續進行對話，就會顯露他們惱羞成怒的真正心情。

「我都已經道歉了啊！」

「你幹嘛不耐煩？」

「妳要這樣到什麼時候？不會晚上跟人見面時也擺臭臉吧？」

視覺篇

溫馨提醒

犯錯之後，通常很希望對方能夠趕快原諒我們，但我們越急於尋求原諒，會讓對方感到壓力，結果變得越不容易獲得原諒。

是否願意接受你的道歉，該由對方決定。

你說了「對不起」，對方不一定會說「沒關係」。畢竟道歉的關鍵字是「真心」，如果缺乏真心，敷衍了事，對方絲毫感覺不到你一絲絲歉意，那麼即便重複一百遍「對不起」也沒有任何意義。

換個做法會更好

被道歉的人

如果對不能原諒的人或事耿耿於懷，怨恨就會慢慢積累，增加負面情緒。所以如果能原諒別人，其實就是善待自己。

❶ 不要堅持當贏家。

當對方向你道歉時，千萬別說「**現在你知道自己錯了吧？**」「**還記得我上次跟你說了什麼嗎？**」

這類咄咄逼人的語言、趾高氣昂的態度，會讓人忍不住又怒從中來，繼而再度引起唇槍舌戰，重新點燃戰火。

「好吧，是我不對，下次我會多注意。」

「你是在耍我嗎？我一點都感受不到你的誠意耶！」

「真的啦！對不起，這樣可以了吧！」

「對不起？就這樣？算了算了。」

「喂！他X的，你在開玩笑嗎？我都已經道歉了啊！你還想怎麼樣？」

道歉和原諒的過程是累積彼此信賴的重要階段。人類原本就是不完美的存在，你只要專注於「現在要不要接受對方的道歉」就好。

### ❷ 不要模糊焦點。

光是發脾氣或是冷戰不說話，只會讓對方逐漸淡忘自己的過錯（還有良心），內心也會因為長期處於緊繃狀態而彈性疲乏。若是三不五時仍持續提到那件令人不高興的事，或者語帶諷刺地說話，會讓對方認為自己的過錯不至於受到如此的精神虐待，因而打消認錯的念頭。

為了避免繼續僵持不下，可以先請對方給你一些時間平復心情，等你情緒比較穩定後，就能專注於解決雙方的歧見。在彼此冷靜的期間，也能讓對方進一步自我反省。

### ❸ 避免說出讓對方覺得「即使道歉也沒有用」的話。

當對方向你道歉時，如果你回答「算了」、「就讓它過去吧！」這類的話，會很難讓對方明白你究竟是否願意接受他的歉意，也無法感受到自己的道歉是否真能解決問題。因此他會懷疑道歉的效果，而且很可能之後即便犯錯也不會再道歉。

除非你已經對對方不再抱有任何情感，也不再心存希望，所以才不想追究，否則建議還是應該要讓對方向你致歉。

## 道歉的人

道歉是一種學問，也是一門藝術。只要是人都會犯錯，但是要成為「總是能被原諒的人」，其實是有祕訣的。

### ❶ 具體說明原因地道歉。

道歉時要具體且明確地提到自己有哪些疏失，而不是只說一句「對不起」、「我錯了」就想打發對方。把事情的經過說一次，有哪裡做錯了，所以才會讓對方心裡難受，然後誠懇地向對方致歉。

**「上次我在別人面前吼你『你懂什麼』，真的很抱歉。那時我太自以為是就亂說話，現在我很後悔，也在反省。」**

### ❷ 只針對自己的過錯。

道歉就只提需要道歉的事，千萬別再補上一句：「不過話說回來啊，你也是……」試圖在氣勢上扳回一城。如果像這樣，將道歉當作追究其他事情的開端，就失去了道歉的意義與價值，肯定會激怒對方，引起比不道歉更大的爭執。

### ❸ 願意道歉的你真的很美。

道歉並非否定你這個人的所有作為，而是只針對在你和對方的互動中，於特定時間點所發生的某個事件。道歉不會讓你顏面盡失，人格掃地，反而會讓你變成更好的人。願意低頭道歉的你真的很美。

---

**我都已經道歉了啊！**

---

**破壞力** ★★★☆☆
**後座力** ★★☆☆☆
**反效果** ★★★★☆

**類似說法：**

# 你還在生氣喔
# 你到底要記恨到什麼時候啊
# 該做的我都做了啊

**弦外之音：**

# 不過話說回來，你也是……

---

# 我沒有錯，只是想法跟你不一樣

## ——我是我，你是你——

有時我們面對他人的指責，會認為只是意見與觀念跟對方不一樣，並非犯了天大的錯誤。有些情況的確只是彼此想法不同，但這句話也能成為為自己的錯誤開脫的理由，像是狡猾的人就常以此為藉口來掩飾自己的過失，或者自私的人會以此辯稱「道不同不相為謀」。

每個人都有自己的想法，如果一廂情願地認為：「我認為應該這樣，別人也應該這樣。」太堅持己見，把對方變成自己想要的樣子，溝通就會起爭執，關係也越來越疏遠。

視覺篇

**我沒有想為你改變什麼。**

在一段關係中，包容對方的不同對彼此來說都是困難的事。我們當然無須為了取悅他人而刻意改變自己的本性，如果能和理解並喜歡自己本性的人一起生活，將會無比幸福。然而，大部分的關係都是在與自己截然不同的人相處時，於不斷的爭執和妥協中走向越來越好，或者越來越糟。

在此，我們來看看「自由」和「任性」的差異吧！若是為了享受自身的自由而罔顧他人的自由，就會變成為所欲為的任性，也就是「非理性的自由」。若想與他人建立良好的關係，即意味著原先被歸類為「自由」的部分行為，也必須有所節制與約束。

**情境實例**

「我沒錯，只是想法和你不一樣而已。」
「嗯，沒錯。我們的確觀念不同。」
「那你很清楚嘛！所以你應該接受這樣的我啊！」
「不對吧！是你應該要包容因為你而感到辛苦的我才對。」

在情人或夫妻這樣的親密關係中，即使雙方已知之甚深，仍會有諸多事情無法達成共識，又或因為對彼此都已很熟悉，所以常罔顧對方的感受就說出傷人的話。這樣的做法，和「愛是包容接納和尊重」的理念大相違背，此時若繼續對話，就會演變成各持己見的爭吵。

**溫馨提醒**

閱讀這篇文章後，或許你會覺得「果然還是一個人生活比較簡單」。但人無法

視覺篇

離群索居，我們都需要與人建立關係，並從中獲得生命的活力。

在與人相處中，展現自己的包容和體諒，欣賞別人的不同之處，會使人生更加豐富，你的尊重之道也能潛移默化影響你周遭的人。

**我沒有錯，只是想法跟你不同**

**破壞力** ★★☆☆☆

**厚臉皮指數** ★★★★☆

**顧人怨程度** ★★★★★

**類似說法：**

# 我本來就是這樣
# 不然要怎麼樣
# 是你錯了
# 不喜歡就算了

## 那你呢？

### ——你自己又好到哪裡去？——

人們有時會因為無法接受他人指責自己的錯誤，不但惱羞成怒，還會利用譏諷對方過去所犯的錯誤，試圖轉移焦點。

這種「指責型」的人有幾種特色：他們透過責備將過失推到他人身上，避免承認自己的錯誤；藉由否定與打擊對方，保持尊嚴，確定自己的價值感；也利用挑剔對方的作為，獲得控制感與安全感。

「那你呢？」這句話隱含的意思就是：過錯是能以物易物，互相抵銷的。只要從對方身上找出一個足以和自身過失相抗衡的錯誤，就能輕易讓自己脫罪。

言外之意

**你之前也有錯，所以這次我犯的錯不算！**

說這句話的人是試圖以對方曾犯的錯誤來替自己解圍，以為這樣做可以避開當下不利於自己的狀況，但其實那只是一種錯覺。

這就像捨棄眼前的筆直大道，卻拐彎來到越來越多的岔路。原本只要道歉就能解決的問題，卻因為這樣一句話而讓衝突失焦，情況更加混亂。

**情境實例**

「你不說一聲就遲到一個小時以上，不會太過分嗎？」

「那你呢？你上次不也是當天才取消約會嗎？」

有些人在記仇、記恨這方面經驗老到。即使不是多嚴重的事，或是重要到需要說清楚、講明白的事，他們也會將對方犯的錯，在心中的小本子裡一一記下，以備不時之需，然後精打細算地在必要時使用之前所累積的點數。

舉例來說，平常並不會太在意戀人和異性朋友見面的人，為了在未來能使自己犯的錯誤正當化，也會將這些碰面的小事牢記在心，之後在需要時就當作存款提出來使用。

「聽說你和不認識的女生併桌吃飯！你怎麼可以那樣！」
「那妳呢？上次不是也和認識的男生一起去玩嗎？」
「幹嘛提那件事？而且你明明說可以去！」
「那天妳都沒跟我連絡，我也很難過啊！」
「別開玩笑了，你那天不是熬夜玩電動嗎？」
「那妳呢？妳又好到哪裡去？」

這樣強詞奪理的說法實在是模糊焦點，會讓人氣到連話都說不出來了。

視覺篇

**溫馨提醒**

即使對方的確曾經犯錯，但提出「你也有錯」這樣的理由予以反駁，問題仍無法解決。事情要一碼歸一碼，不能全部攪和在一起。如果感到委屈或覺得被冤枉，也要努力澄清，讓對方充分理解。

若不斷重提過去發生的不愉快往事予以反擊，在失焦的狀態下，雙方只會不斷翻彼此的舊帳，並充滿被亂貼標籤的憤怒。

**換個做法會更好**

我們必須思考要限制對方的行為到何種程度。無條件地制定諸多規範，會使彼此只剩下「需要努力遵守規則」的關係。

有人會將對方提出的要求，套用到自己身上，也就是：「你叫我不要那麼做，那你也不准那麼做。」但這種做法會導致你向對方提出自己並不特別在意的要求，這和說出「那你呢？」的結果一樣，都會產生雙方都不希望發生的錯誤。

所以，要不要試著只把注意力放在「對方希望我們避免或改變的行為」，而不是為了計較、講求公平，要對方也必須遵守同樣的要求呢？

**那你呢？**

**破壞力** ★★☆☆☆
**後座力** ★★★★★
**習慣使用度** ★★★★☆

**類似說法：**
# 你又做對什麼了
# 你有資格說我嗎

**弦外之音：**
# 不然你是要怎麼樣
# 就已經跟你道歉了
# 我才沒有無理取鬧

# 這件事本來就不對，但我後來也有發現自己錯了，所以我根本沒錯

## ——你到底是在講什麼？——

這句話就是所謂的「神邏輯」，看似有道理，實際上卻是在狡辯，在理上站不住腳，卻又能滔滔不絕講出一番大道理來，真的讓人很無言。

來看看下面的例子。

朴部長是個做事仔細又明確的人，在提供建議時也不會猶豫不決，既能言善道又能說服眾人。就算在大家意見分歧時，也可以做出簡單明瞭的總結，所以管理階層都很信任他。

有一次，金課長無法在期限內完成被指派的工作，朴部長問他理由，他說因為手邊還有很多其他的事需要處理，所以進度才會延誤。

**「你的意思是工作多到在期限內無法完成嗎？」**

**「不是的，我應該把工作流程安排得更好才對，很抱歉。」**

**「對啊，你只要多花點心思就能做到嘛！」**

**「是的，對不起。」**

事實上，最近工作的確過多，組員們都累壞了，金課長也已經按照事情的優先順序按部就班處理了，只剩最不重要的工作得延遲兩週才能完成。在截止日期即將到來的幾天前，他就已向朴部長報告進度會延後，但對方告訴他，先別急著說做不完，能做多少算多少。

後來，朴部長單獨把金課長叫去，詢問對方是否會對自己之前的指責感到不悅。當金課長表示完全不會時，朴部長拍了拍他的肩膀，並說：

「沒關係，你告訴我，最近的工作很多嗎？」

聽到這個像是表達關心與慰問的詢問時，金課長放鬆了緊繃的肌肉，將連續加班已經超過一個月的狀況說了出來，原來專注聆聽的朴部長突然打斷他，問：

「但我看你們上週四好像提早下班，還一起去喝酒耶？」

接下來，朴部長從這個話題開始，進一步談到大家在工作時不知不覺浪費掉的時間。像是現在正值忙碌的時期，午餐應該外帶回公司吃，這樣就能省下至少一個小時；就算外出買咖啡也要馬上回來，不要在咖啡廳裡閒坐久待。將這些零碎的時間累積起來，就能提早兩週完成工作了。聽完朴部長的訓斥，金課長連忙挺直腰桿，點頭稱是。

「你覺得我說這些話有道理吧？」

「是的。」

「所以我之前要你別輕易說自己做不到，結果沒錯吧！就是因為你們不懂得利

**用時間，才會延誤進度。」**

**「是的。」**

金課長趕緊點頭如搗蒜，做出一臉同意的表情，因為這是結束對話最快的方法。

朴部長是會將狀況切分成至最小單位來加以評斷衡量的人，除了與此次事件相關的所有狀況之外，就連數年前發生過的事情也都深印在他的腦海中，信手拈來就能作為判斷的根據。若想招架住他的種種質疑與詢問，就必須擁有與之旗鼓相當的實力，不然就只能配合他，因為最後他一定會做出自己想要的結論。

**言外之意**

本來不對的事情，在當下看來可能找不出破綻。但在我用我的標準仔細思考後，發現那是錯的。總之，最後我還是對的。

朴部長做出的結論就像是一幅極其精緻的畫作。在掌控狀況或與他人談話的過程，就像為畫作打底稿一樣，他會先將各個重要事件安排在畫布中適當的位置，並把這些事件串聯起來。接著再巧妙地為構圖複雜的畫作上色，讓作品逐漸成形。

在作畫的過程中，他用自己喜歡的顏色和圖案遮蓋住不想看到的部分。就像他不惜花費許多時間，只為說出自己從一開始就已設定好的結論，而不是想理解對方，或給對方解釋的機會。

等對話告一段落，他還會再度仔細檢查畫作的細節，修改不順眼的部分。調整的方法是又把對方找來，繼續談論之前的話題（雖然這樣做最後經常會演變成爭執）。他不斷與人對話與討論，藉此重新修改畫作多處。

最後，他會看著完成的作品，滿意地想著：「這次也得到正確的結論了啊！」

情境實例

「昨天你跟我說過的話啊……」

「嗯？」

「你不是用不耐煩的口氣說你不知道該怎麼辦嗎？」

「欸？喔……」

「明明沒遵守約定的是你，我真不懂為什麼要聽你說那種話。」

「喔……妳還在想那個喔？」

「因為不對就是不對。」

「……」

在我們的生活中，不是只有職場才可能有朴部長這樣的人。尤其在親密關係中，我們更可能一不留意就會變成跟朴部長一樣，我們會不厭其煩地跟對方一再確認讓我們生氣的事，也嘗試讓對方接受我們的想法。我們認為，在心裡記了多少帳，用了多少力氣去讓對方承認他們錯了，能決定在兩人關係中地位的高下。也就是說，讓對方承認我們說的話有道理，並讓他承認錯誤，那麼從今以後對方就會順從我們。

這樣看來，你是否發現，當一個人想要擁有像朴部長的「權利」，就只需找出在那段關係中，由他所認定的結論和「正解」即可。因此，觀察對方的眼光必須精準而敏銳：他的弱點是什麼？他在哪種狀況下會失誤？凡此種種都要仔細記下來。一旦產生衝突，就得不斷逼問對方直到他承認錯誤；或是在你能接受的範圍內，將衝突調解到你滿意的程度。

**溫馨提醒**

質問對方當初做某個決定時在想什麼，又為何沒考慮到你的感受，持續採用這種咄咄逼人的方式與人相處，就越能增進應對狀況時的邏輯能力，也可以越快想起能作為呈堂證供的種種資訊，甚至還能提升持久戰鬥的力道，所以總是能成為最終的贏家。即使對方沒特別做錯什麼，你也能讓他道歉。還能養成在兩人關係中「獲勝」的習慣，這樣不是很棒嗎？

雖然在對方認錯後，事情看來似乎已告一段落，但面對凡事都要放在顯微鏡下仔細觀察的你，你的另一半將會變得越來越沉默，甚至完全不告訴你他心裡真正的想法。因為當你養成成為贏家的習慣時，對方也養成了認輸、妥協的習慣。

慣於認輸的人在面對爭執時，不會煩惱或企圖尋找原因，而只想盡快息事寧人，找到讓對方不再碎唸的辦法，那就是乖乖認錯、道歉，然後走開，以便繼續做自己的事。

那麼，看似非常努力想要改善兩人關係的你，無論做得再多都只是把對方推得更遠。上述例子中的金課長，只要下班後就可以擺脫朴部長的控制，但是你的另一半無法下班脫離你的操控，唯有離開你才是徹底擺脫這種困境的方法。

**這樣做會更好**

把心中的小帳本丟掉，在進行溝通時，不要那麼執著地想要「贏」，覺得自己

視覺篇

在「理」上面是對的，就步步進逼，直到對方認輸或認錯。尤其在親密關係中更是如此。回到初衷，當初我們會跟這個人在一起是因為喜歡他、愛他，並願意接納他、理解他，就算對方犯錯也能在讓兩人關係更好的前提下溫和地溝通。

總是讓你獲勝的那個人並非傻瓜。在長期關係中對方終究會發現，你那套「不斷強迫他人修改想法，直到自己能夠接受」的邏輯，其實並沒有那麼合理。但為什麼對方直到現在依然默默承受你拋出來的尖銳質問呢？因為如今的一切，都是他在過往的那些日子中，為了體諒心愛的你所做出的付出與犧牲。他接納了堅持己見而努力想獲勝的你。

你如果想失去這樣重視你的人，也可以繼續那麼做，結果會是如何也能預測得到。想想看，你能否承受這個結果？

**這件事本來就不對，**
**但我後來也發現我當初錯了，**
**所以我根本沒錯**

**破壞力** ★★★☆☆
**後座力** ★★★★★
**習慣使用度** ★★★★★

**類似說法：**
# 我說的是事實
# 我才沒錯
# 我說不對就是不對

**正向表達法：**
# 你那麼做一定有原因

# 說穿了……

## ——我說的是事實啊！——

**「你都能看得出來別人在想什麼，真好。」**

當我表示自己的專業是心理學時，偶爾就會聽到別人這麼說。我當然不會讀心術，不過，如果因為我的專長是心理學，就認為我能夠看穿別人在想什麼，這並不是什麼值得開心的事，我反而會跟對方解釋那種能力有多麼可怕。

例如，假設你能看穿坐在眼前的戀人，你想會發生什麼事呢？

如果我跟戀人約會，聊得正開心，然而因為她的一個舉動，或臉部出現的表情，我就能猜出她此刻在大腦中正在想的事，可能因為我說什麼讓她想起過往不好的回憶，或者她的腸胃不適正想要去廁所解放，在這種狀況下，我怎還有心情把想對她說的甜言蜜語說出口？之前的愉快氣氛瞬間就消失了。這樣的約會還真讓人沮喪。

不論一個人是否真能看穿人心，或者他所說的是否屬實，如果不分緣由就說：「**說穿了，你根本就是……**」這樣充滿指責和否定的話，只會換來對方的猛攻與反擊。

言外之意

**我要講你不想聽的話，這樣才能將話題引導到對我有利的方向。**

說這句話的人知道自己將講的內容會讓對方不舒服，因此這句話的目的，比起提醒對方「我要說出真相了」，應該比較接近是在警告：「我現在開始要採取的態度不是很友善喔。」

視覺篇

情境實例

❶「說穿了，妳是因為我有錢才接近我的吧！」
「你有沒有錢這件事對我而言根本沒差，而且我也是不久前你跟我說我才知道的。」
「別騙人了，妳就是聞到了錢的味道！」

在談論讓人覺得不悅的話題時說出這句話，所代表的意思就是：我已經先提出警告了，所以接下來我只管說，後果你自負。

❷「妳一直在擦同一個地方耶！妳已經打掃一小時了！」
「我要這樣做才會覺得乾淨啊！」
「說穿了，這根本就是強迫症，再嚴重就會變成潔癖了！」

有些人會自以為是心理師，透過分析他人在日常中的習慣或行為，說出尖銳又果斷的「高見」，同時還堅信那就是事實。

**溫馨提醒**

懂得給人台階下，也是一種善良。海明威就曾說：「人用兩年學會說話，卻要用一生學會閉嘴。」

很多事情一旦說穿了便是傷害，知道了卻選擇不說，自己心裡知道就好，才是真正成熟的表現。不要為了逞一時的口舌之快，說些不該說的話，或是因為沒有意義的事情而與人爭辯。

**換個做法會更好**

不管是在平時交流或吵架時，都該避免使用「**說穿了**」「**講白了，你還不是……**」「**說到底你根本就是……**」這類詞語當開頭。

尤其我們會發現，影響夫妻關係的重要因素之一，就是對彼此說話的方式。之所以產生問題的方式並不是說話誇張、粗魯無禮，而是「哪壺不開提哪壺」。

明知是對方在意的事、不能提的事，在吵架時卻偏偏喜歡拿出來攻擊對方。就

視覺篇

算說的是事實，但說話的動機和態度決定了這個事實究竟是武器還是真相。

少說這種自以為是的話，不論事情的是非對錯，只要先預想你說的話會讓對方產生什麼樣的情緒。但如果想讓對方感到憤怒、痛苦才是你真正的目的，看到對方被你問到瞠目結舌會很有快感，那麼也就是你該檢視這段關係是否值得維持的時候了。

---

**說穿了**

---

**破壞力** ★★★★☆
**後座力** ★★★★☆
**失望程度** ★★★★☆

**類似說法：**

# 這是事實啊
# 你有聽到我在說什麼嗎
# 我本來不打算跟你說這個的

---

# 你就是這樣才不行

## ——你以後也好不到哪裡去——

當我們對人心懷成見或具有先入為主的刻板印象時，不管對方說什麼或做什麼，我們都無法坦率接納，也不會試著站在對方的角度思考。「你就是這樣才不行」這句話等於剝奪了聽者成功的可能性，讓對方像踩空樓梯般墜入深淵。

類似的說法還有「**你總是**」或「**你從不**」。這樣的說話方式是把「對於對方長期的不滿」，提升至「指責對方」的等級，代表不是只針對單一行為進行否定，而是把所有的事都集中在一起，全面性地否定對方。

如果是對於一個人的行為提出批評，至少是對事不對人，感覺還算理性。但指責是針對做了那個行為的「人」，這會讓對方覺得自己被羞辱，在本能進行自我防衛的情況下，自然免不了上演一場發怒、爭吵的戲碼。

**❶ 你換個方式做也不可能比現在更好，所以我對你沒有任何期待。**

雖然「沒出息」、「不可能做到」、「實在不怎麼樣」這些話讓人聽了就很不舒服，但它們都僅限於現在式。即使現在沒出息、即使現在做不到、即使現在不怎麼樣，往後還是有改善的可能性。

但如果對未來也失去信心與希望時，就令人完全喪失前進的動力了。「你就是這樣才不行」，這句話的時態並不是現在式，而是未來式，它的意思是：你天生就是這樣的人，所以以後你也會是這樣，依舊一事無成。

說出這句話的人，有時是抱持「恨鐵不成鋼」的無奈，他們希望對方知道自己的缺點後能努力改進，從此生活獲得改善，或是工作表現能夠提升，然而結果總是與他們的期望背道而馳。

為人父母者便經常對兒女說這類的話。「你就是這樣才會每次考試都不及格。」「你就是這樣粗心大意才會失敗。」但兒女最常出現的反應，就是生氣地回嗆：「我這樣又怎麼了！」「我這樣有錯嗎」。既然你認為我做什麼都不行，那我就不再努力了，我就真的「不行」給你看。這樣的結果是你想要的嗎？

**❷ 你沒資格繼續這段關係。**

「你就是這樣，我們的關係才無法繼續下去。」這句話也可以視為與「你就是這樣才不行」同一種類型的話語，這句話是把關係當作籌碼來威脅對方，就像小孩會說：「你再這樣我就不跟你玩了喔。」孩子因為人格尚未發展成熟，當他們這樣說時，我們也只會一笑置之，不會認真看待。但是如果大人還這麼說，就顯得很幼稚。

情境實例

「我怎麼會知道你今天心情不好！」

「看我的樣子不就知道了嗎？」

「所以我從剛剛就在問你了啊！為什麼心情不好？」

「連這樣你都看不出來？你啊……你就是這樣才不行。」

有些話，我們單看文字描述還無法領會它的「魅力」或是「破壞力」，一旦聽到話語從人的嘴裡說出來，那種震撼才是最真實且「非筆墨所能形容的」。這裡的情境實例就是這樣。

這種說法等於否定了對方之前所做的付出和努力。原本爭吵的用意其實是希望對方能夠多留心你的情緒，也讓彼此的關係更好。結果此話一出，等於投下毀滅性的炸彈，把之前兩人建立起來的心靈園地都炸毀了。

**溫馨提醒**

在心理學中，有「畢馬龍效應」與「污名化效應」。

心理學家克勞德．斯蒂爾（Claude Steele）為了確認「男性數學比女性好」的觀念是否正確，進行了一項實驗。他讓同樣人數的女學生和男學生一起進行數學考試，結果發現，難度較低時，男、女生都獲得了高分；一旦提高難度，男生就獲得較高的分數。

之後，斯蒂爾以另一群對象進行第二次實驗，但他在學生解題之前說：「根據之前實驗的結果顯示，這份試題男、女生都會獲得差不多的分數。」結果在測試後，男性和女性的得分的確相差無幾。

這個實驗顯示，我們可以藉由心理層面的暗示，來消除大眾對於特定群體的偏見，或者克服這些群體因為大眾普遍的偏見而帶來的負面心理暗示。例如，大家都覺得女生的數學比男生差，女生在這種心理暗示下就真的會表現較差。

對某人的期望或預測果然成真的現象，稱為「畢馬龍效應」。根據此效應的原

視覺篇

理，只要不放棄希望，對方就會逐漸成為能符合你期待的人。

也有與此相反的概念，亦即被他人烙下負面的印記後，就會逐漸朝不好的方向改變的「污名化效應」。「你就是這樣才不行」這句話如果是出自你所重視的人之口，那麼對你產生的影響更是巨大，也更容易演變成「污名化效應」。就像父母對小孩所說的負面言語，最後都可能會成真。

## 換個說法會更好

俗話說：「說好話就會變成好人，說不好的話就會變成壞人。」在這種老生常談的話裡，往往包含著我們都理解的真理，這種道理光是嘴巴說說，那就是陳腔濫調，一旦身體力行，便能成為影響人生至深的真理。

好聽的話如果不好好說，聽起來也會像是在諷刺人；同樣地，討人厭的話如果多花點心思修飾後再說出口，感覺也會不同。例如：當父母看到孩子吃飯時不小心把食物掉到桌上，可以對他說「你今天掉的比較少耶！」而不是「你怎麼又把食物弄掉了？」

此外，即便是細微的語氣變化，也能讓「你就是這樣才不行」的對方有所改變。說不定有天你會對對方說：「你就是因為這樣，所以才會成功。」

### 你就是這樣才不行

破壞力 ★★★★☆
後座力 ★★★★☆
習慣使用度 ★★☆☆☆

**類似說法：**

# 你總是那樣
# 你不就那樣
# 狗改不了吃屎
# 你要這樣到什麼時候
# 你就那樣過一輩子吧

視覺篇

# Chapter 5 觸覺篇

## 恐怖喔恐怖！讓你全身寒毛直豎

親愛的，
拜託你不要超過那條界線。

# 要做到這點有那麼難嗎？

## ——我就只有這麼一點要求啊！——

在親密關係中，彼此會因為默契使然，形成一些不成文的規定。

但不論是因為突發狀況，還是意志力不夠堅強等種種原因，總會有違反約定的時候。當人犯錯時，確實需要被糾正、被提醒，才會改過與修正。但別忘了，人與人之間也需要尊重，對擁有親密關係的伴侶，我們更常忽略這件事。

情人或夫妻之間的溝通，往往會演變成吵架，因為「溝通」與「挑剔」可能只有一線之隔。越是強調對方的錯誤，對方只會記得這個不能去、那個不准碰的規矩，就像為了不被責罵而勉強去做的小孩一樣，逐漸在這段關係中失去自主能力。

言外之意

**你就是連那麼簡單的事都做不到，才會讓人不相信你。**

在這類對話中，常會出現「經常、又、每天、一直、你總是」等這類用來指稱反覆發生的字眼。「要做到這點有那麼難嗎？」這句話只是沒有直白說出上述的那些詞句，但其實也隱含同樣的意思。

這聽起來就像是「你連一件大家都能做到的基本小事都辦不到，更遑論其他的事情了。」對方因為一次的錯誤，就得負起這段關係中所有問題的責任。

觸覺篇

**情境實例**

「你至少也接個電話吧！我不是說如果你沒接到電話，就要在十分鐘內回電或至少回個訊息嗎？」

「我聊得太開心才沒注意到。抱歉……」

「我對你又沒要求太多，要做到這點有那麼困難嗎？」

這句話宛如催眠，目的是讓對方變得跟自己有同樣的想法，認為所要求的事情輕易就能做到。說話者的催眠指數越高，對方就越難逃離受困的迷宮，他會自我懷疑：「咦？對啊，為什麼我連這麼簡單的事都做不到？」

**溫馨提醒**

承認吧！你的期望根本不只一個！對方其實已經遵守了大部分的約定，你只是把其中最難做到的事情挑出來找碴罷了。如果對方盡力配合與你的約定，之後你還是會拿其他的規定來挑毛病。你不會以為對方對你的自私完全無感吧？

**換個做法會更好**

「既然愛我，那麼我需要什麼，他就應該配合。」是說話者的心態。也許我們會因為有規定而感到安心，但在親密關係中需要的是共識，而不是規定。也就是：「我們都認同這樣做不利於彼此的關係，所以選擇不做。」這跟規定很不一樣，既沒有強迫性，雙方的意見也能被重視。

要用彼此關係的束縛框架來限制對方，還是給對方空間，讓他懂得如何自我克制，這些都取決於你的決定。

**要做到這點有那麼難嗎？**

**破壞力** ★★★★☆
**後座力** ★★★☆☆
**壓力指數** ★★★★★

**類似說法：**
# 這不難啊
# 我不是叫你不要那麼做嗎
# 到底要我說幾次啊

**弦外之音：**
# 我說的話你都沒在聽嗎

# 你為我做過什麼嗎？

## ——你看我都為你做了什麼！——

我曾看過一位演員朋友在剛出道時演的戲，其中有一幕讓我印象深刻。

在戲裡，他飾演犯人，從小不曾關心過他、與他關係非常疏離的父親前來探監，但口氣跟態度都很不好，覺得兒子坐牢這件事讓他很丟臉。面對父親的指責，他只是沉默不語，但最後他像是終於下定決心，突然站起來轉身朝著父親大喊：「你憑什麼管我！你有為我做過什麼嗎？你說啊！」他說出自己在那場戲中唯一的台詞。真是帥氣的演出。

我還記得自己在父母面前也曾像他一樣，但說的話比他的台詞還狠毒。當時我正值青春期，別人一個無意的眼神，我也會小題大作，認為對方是瞧不起自己。面對我無理取鬧的發飆行為，爸媽並沒有特別說什麼，我也不知是不是看到他們的反應後更得意，反而還發了更大的脾氣。

「**你為我做過什麼嗎？**」這句話背後的意思就是：「你對我期盼的事情毫不關心。我並沒有要求很多，都是一些只要你稍微多花心思就會注意到的小細節。」

**言外之意**

**你到目前為止所做的努力，和其他人比起來，其實沒什麼意義。**

對越親近的人會有更多的要求是很自然的；寄予期望卻沒得到回報時，當然也會感到失落。這種失望、不滿的情緒，有時可以用成熟理性的態度告訴對方，但更多時候會累積在體內，在經年累月後，於某個瞬間成為引爆爭執的導火線。

在雙方爆發口角時有很多種經典台詞可以使用，但最傷人的莫過於斷然否定對方所有努力的責備與埋怨。實際上並非對方真的未曾為你付出，而是你當下感到極度失望。

觸覺篇

情境實例

「妳有為我做過什麼嗎？」

「你說我什麼都沒做嗎？」

「對啊！每次約會的費用都是我在出，約會的地點也是我在傷腦筋，甚至昨天明明是三週年紀念日，但我沒提醒，妳就完全忘了！」

「你不是跟朋友有約嗎！」

「那是因為妳完全沒有任何安排，我才跟他們約的！妳知道我的朋友們說什麼嗎？他們說我很可憐。」

「旅鼠」是一種居住於斯堪地那維亞半島的齧齒動物，繁殖能力非常強。當牠們的數量暴增，危害到自己的生存權益時，就會遷徙到其他的地方，而且牠們只會排成一直線跟著前面的同伴行動。在過程中，若有一隻旅鼠走錯路，跟在牠後面的整群旅鼠都會一起跌入湖裡或大海而溺死。「旅鼠效應」指的就是像這種不經仔細思考，就模仿他人的行為或是受到他人影響的從眾效應。

若我們單看上述情境中的情侶對話，大多會認為女方在該段關係中沒有付出努力，男方因此而責備女方，但現實狀況可能完全相反。事實上，女方總是尊重男方、配合男方的安排。她正在準備國家考試，手頭也比較緊，所以在三週年紀念日時無法毫不猶豫地向男友提出邀約。她很感謝男友支付約會費用，也一直覺得很過意不去。她的夢想就是等考試通過後，送給男友他想要的任何禮物。因此，她是很認真地按部就班地規畫人生，面對挑戰。

然而男方聽從朋友們的意見，改用他們的角度看待女友。即使女友心思細膩地努力替他著想，他卻視而不見，仍舊盲目地跟著前面的旅鼠跳進大海。

**換個做法會更好**

大概是三十歲左右，在我懂得如何解決生活中絕大部分錯綜複雜的問題後，我曾對父母說：「我小時候那麼不懂事，謝謝你們容忍我。因為遇見像你們這樣明理的父母，我才變成更好的大人。」當時媽媽聽我這麼說，還感動得落淚。

觸覺篇

雖然盡量表達感謝比想像中困難，但對此時在你面前的人說聲謝謝，其實並非難事。這不是要你在對方找你碴時，還要你帶著憤怒的眼神，硬擠出笑容跟對方道謝。而是要你在風波平息之後，或是和對方眼神交會時，如同輕咳一聲那般說出：

「謝謝你。」

最終，這些訴說感激之意的時刻累積起來，就會讓人心懷感恩地過生活。

---

**「你有為我做過什麼嗎？」**

---

**破壞力** ★★★★☆
**後座力** ★★★★★
**苛刻程度** ★★★★☆

**類似說法：**

# 你就是那副德性
# 別人都（沒像你這樣對我）
# 你就是沒能力

**弦外之音：**

# 你就是這樣才不行
# 你隨便去找個人來問

---

# 你想怎樣就怎樣，隨便你！

## ——反正我已經無所謂了——

這句話，看起來既沒有責備，也沒有破口大罵，但殺傷力卻很大。

聽到這句話的人，就算當時可能已有悔意，也會心情大轉彎，不是一走了之，就是更加怒火中燒。因為這句話所隱含的意義，代表「我已經放棄你了，也放棄跟你溝通」，甚至「放棄跟你的關係」。

父母在苦口婆心規勸孩子後，見對方絲毫沒有任何悔意，就會氣急敗壞說出這句話。想當然耳，情緒、理智都尚在不成熟階段的兒童或青少年，心裡一定是反叛多過害怕，反而會刻意去做父母不希望、不同意的事。他們心想，既然你覺得無所謂，那我更要故意作對，讓你們後悔莫及。許多憾事往往都是在這種雙方於溝通中不留心的言語所造成，要避免一時的氣話造成終生的遺憾，身為大人的長輩、父母

觸覺篇

要以更成熟的態度來包容小孩的言行，不輕易說出放棄的話。

那麼，在情侶關係的爭吵中，雙方僵持不下，如果有一方脫口而出這句話，狀況又會是如何呢？相信很多人都有這個經驗。面對這句話的反應會依個性的不同。有的人會視這句話為威脅的言語，反而越要去做讓對方生氣的事，讓他們知道，他們的威脅目的並沒有達成。

也有人視這句話為放棄，他們會認為，既然你都這麼輕易就放棄了，那我也不想堅持，不需要再做任何改善和掙扎了。

**言外之意**

**你做什麼我都無所謂了。**

這句話傳達出說話者「不在乎」加「生氣」的情緒。在一方已盡力解釋，但對方卻不相信，不斷予以否定，所以才會非常憤怒地這麼說，不想再搭理。

情境實例

「為什麼說到一半就不說了？你在不爽嗎？」

「沒有啊，我就已經道歉了。同樣的話是要我講幾次？」

「搞什麼啊？你憑什麼生氣？你一定要這樣嗎？」

「唉……你想怎樣就怎樣，隨便你！」

試想你現在就是說出這句話的人。你當然不是真心的，反而比較像在撒嬌。你期待對方能耐心且友善地給予回應。其實你並不是真的覺得事情變得怎麼樣都無所謂，而是想表達：「我不想、也沒力氣繼續吵了，你自己看要怎麼收拾吧！你如果生氣了，就先自己安慰自己吧！然後也稍微讓我消消氣好嗎？如果有什麼是你無法原諒的，就算有點困難，請你暫時還是睜一隻眼閉一隻眼吧！但如果你不想再跟我見面，請你務必重新考慮。」

問題是，這句話只會讓對方感受到字面上的意思，聽了更加生氣，在爭執的最後，又打開另一扇黑暗地牢的大門。

觸覺篇

## 換個說法會更好

❶ 這句話最危險之處，在於當你表態放棄的同時，也讓對方有充分的理由採取失控、脫序的行為。

倒不如將對話的焦點放在傳達自身的負面情緒與狀態，例如告訴對方：「**我現在很生氣，沒辦法好好跟你說話。**」或是「**我今天不想再講了，讓我先靜一靜。**」

❷ 瑞士日內瓦大學研究團隊曾針對調解人在情侶爭吵間扮演的角色進行實驗。研究中先引導情侶進行容易發生爭執的對話，有一半的情侶開始吵架後，會有調解人積極居中調解，另一半的對照組則只採取消極的應對措施。結果顯示，在調解人態度積極的實驗組中，情侶對彼此的不滿會減少，意見差異也會縮小。另外，他們的腦波攝影也顯示分泌多巴胺和與之相關的神經迴路都很活躍，這顯示當發生紛爭時，第三者居中調解會很有幫助。

因此，當你覺得雙方爭執不下，無法再繼續對話，或是困境難以突破時，如果能有他人當和事佬，原本纏得很緊的結，可能就會意外地被輕鬆解開。

**你想怎樣就怎樣，隨便你！**

**破壞力** ★★★☆☆
**後座力** ★★☆☆☆
**冷戰程度** ★★★★★

**類似說法：**

# 隨便你怎麼想
# 不然你是要怎樣
# 滾開
# 這不關我的事

**正向表達法：**

# 我現在不想跟你說話

# 我本來不想說的

## ——但既然我已經說了，你就覺悟吧！——

覺得不該說出某句話的理由往往有很多種。舉例來說，某人很想炫耀某件事情，卻一直忍耐著，直到最後才選擇了一個適當的時機說出口。這種情況還有些許巧思在裡頭，可以看見對方非常努力在找機會說出那句話。

「你別騙人了，這個怎麼可能一個人做完。」

「真的都是我自己做的。」

「天啊……真的嗎？超強的耶！」

「我本來不想這麼說的……但看來我還真有點天分吧？」

當小心翼翼對人說明必須說出口的事實或意見時，這句話也可以用來取代「說來慚愧」。

**「他不可能會那樣啊……」**

**「董事長，我本來不打算跟您提這個……」**

**「沒關係，你就說吧！」**

**「他已經不是第一次這樣，其實之前我已經在我的職責範圍內幫他善後很多次了。」**

若是在爭執中說出這句話，那瞬間就已經能預見悲劇的結果。因為雙方接下來的對話，極有可能是地獄級的惡言相向。

**「我本來不打算說的……但大家都說你寒酸的樣子看起來很可憐。」**

我們會因為體諒對方，或為了維持友好的關係，分辨哪些話該講，哪些話又該保留。其中「不該講的話」大多是只要說出口就會破壞關係的危險內容，像是會讓對方覺得丟臉的事，或是不願再度想起的回憶等。

觸覺篇

**言外之意**

❶ 是你把我逼到這種地步的。（你知道這都是你的錯吧？）

❷ 那我們就來試試看，你聽了這句話還能不能心平氣和。

說出這句話的人，大多是想將扣下板機的主導權交到對方手上。因此，就算他們很清楚接下來要說的話會造成什麼樣的衝擊，卻做出一副情非得已才被迫說出口的模樣。明明就是狠心地完全不在乎對方的痛苦，想致對方於死地啊！

**情境實例**

❶「你那種說話方式真的很討人厭。」

「你不覺得是你先挑釁的嗎？而且你也很差勁好嗎？」
「你怎麼可以這麼說？你的水準就只有這樣嗎？」
「你現在才知道嗎？我本來真的不想說的。」

情侶吵架時會說這句話的人，大多已經可以預料這將造成一觸即發的衝突。因此，與沒什麼內容的爭吵比起來（即使說話者惡劣的意圖實在可恨），相對容易讓聽者感到憤怒。哪怕只是說微不足道的小事，只要接在這句話之後，就會變成傷透人心的鐵耙子。

❷「唉，算了。吼，真是的。我本來不想說的……哎喲，算了，還是別講了。」
「是怎樣啊！你說啊！」
「真是無法想像你聽了這句話會有什麼反應，說不定會徹底改變你整個人生。」
「真是笑死人了，趕快講！」

觸覺篇

## 「先說喔，我本來是不打算說的，是你逼我的！」

有些人會在說話前更進一步將「我本來不想說的」這句話作為防禦的手段。他們誇大即將揭露的事情會造成極大的殺傷力來嚇唬對方，或是試圖用這句話在對話中占上風。

說話者強調自己其實原本打算保守祕密，但這句話既能成功地將破功的責任轉嫁到對方身上，又能充分表現自己已盡全力守密的誠意。雖然不知對方說的事是誇大其詞，又或果真會讓自己備受打擊，但可以確定的是，雙方談話勢必很難再維持融洽的氣氛。

### 這樣做會更好

這句話猶如定時炸彈的導火線，但從另一個層面來看，同時也是一種安全裝置，可以事先讓對方有心理準備。

然而說出這句話時，也是能阻止炸彈爆炸的最後關鍵時刻。如果本來不想說，那還是別說了吧！這是比較睿智的做法。

**我本來不想說的**

破壞力 ★★★★☆
後座力 ★★★★★
災難指數 ★★★★★

**類似說法：**

# 都是你一手造成的
# 你別太得意

觸覺篇

# 我從沒當你是○○

——你的存在有意義嗎？——

在「我從沒當你是○○」這句話中，填入空白處的詞所蘊含的意義越重大，對方受到的打擊也會越大；這段關係越親近，對方的失落感就會越重，例如：

一、「**我從沒當你是朋友。**」

二、「**我從沒當你是女人／男人。**」

三、「**我從沒愛過你。**」

我懷疑是否還有其他話比這句更適合接在上一篇提到的「**我本來不想說的**」之後，因為這兩句話結合在一起的破壞力相當可觀。

言外之意

**對我來說，你根本就沒有任何意義。**

當我們遇到喜歡的人時，對於「為何活在這世上」的省思會產生最大的變化，人生的目的也會逐漸變得單一而純粹。我們會在愛裡學會成長，也懂得包容與分享。自己存在的意義就這樣和他人緊密地結合在一起。對方之所以存在的原因，與自己生而為人的理由相依共存。

因此，「我從沒把你當回事」這種說法非常殘忍。若說前面文章提到的「你有為我做什麼嗎？」會貶低對方在這段關係中所付出的種種，那麼這句話更徹底摧毀過去的一切，是將對方存在的意義連根拔起的話語。

就算緣盡情了，彼此無法再維持友好的關係，但仍無法抹滅你們曾共同經歷過的時光。即使你現在對對方深惡痛絕，但如果能搭乘時光機回到昔日的兩人世界，那時的你必然是快樂的。

生活中難免會出現衝突和分歧，腐蝕原本的親密關係，但你不需以

「現在的不愛」，去否定「過去的心愛」。
吵架的時候，語言可能是刀子，而非真心話。但當你在盛怒時口不擇言，或為了表達極度失望脫口說出這句話時，就足以摧毀一個人存在的意義。

**情境實例**

「你怎麼可以那樣講話？你的水準就只有這樣嗎？」
「你現在才知道嗎？我本來真的不打算說的，但其實我從沒愛過你。」
「你說什麼？所以這三年來我都是自己一頭熱地在談戀愛嗎？」
「沒錯，跟你在一起我從沒快樂過。」
「我從沒愛過你」這句話會把你的付出和愛全都抹煞掉，讓你覺得自己就像是個笑話，也讓你不禁想問：既然不愛了，為何不早說？是因為在一起雖然不快樂，但想分開卻又沒理由嗎？

我還真的想不到有哪一句話可以反擊，如果落於人後回一句「我也沒有愛過你！」氣勢上已經先輸一半了。

**換個想法會更好**

以下是韓國詩人金春洙最著名的詩作——《花》，讓我們一起來細細品味。

在我還沒叫出它的名字前
它不過是
一種姿態
當我呼喚它的名字後
它遂朝我走來
變成了一朵「花」

觸覺篇

……（中略）

我們
都希望能成為某種事物
我成為你的，你成為我的
一個不被遺忘的存在

不過是「一種姿態」的我們，在呼喚了彼此的名字後，就成了愛人及被愛的存在。從另一個角度來看，你只是先叫出對方的名字罷了，但那個名字並不屬於你。因此，賦予對方意義的資格，以及折斷那朵花的權利，都不在你的身上。他在遇見你之前就已經綻放，現在和未來也都是如此。

**我從沒當你是○○**

破壞力 ★★★★★
後座力 ★★★★★
殘忍程度 ★★★★★

# 我要殺了你

——你實在讓我太受傷了！我一定要狠狠報復你！——

在一個颳著強風的黃昏，我正在一艘廢棄船旁的背風面，裹在睡袋裡流著淚時，一個年輕的漁夫遞了一根菸給我。我接過來，抽了戒掉十幾個月以來的第一根菸。他問我為什麼哭。我幾乎是反射性地說了謊，說因為母親去世了。他打心底同情我，並從家裡拿來一瓶酒和兩個杯子。

在強風吹襲的海灘上，我們兩個人喝著酒。

漁夫說他在十六歲時也失去了母親。她身體不太好，卻從早到晚拚命辛苦工作，因此積勞而死，他說。

我一面喝著酒，一面恍惚地聽著他的話，隨便漫應著。感覺那像是極其遙遠的事。我想那又怎麼樣嘛。我突然有股強烈的憤怒想掐死這個男人。你母親跟我有什麼關係？我已經失去直子了啊！

——摘錄自《挪威的森林》

這段內文節錄自村上春樹的代表作《挪威的森林》。主角渡邊在偏僻的海邊喝酒，一邊看著海浪，一邊想著心愛的女人——直子——的死亡。後來，陰鬱的情緒讓他對某個想幫助自己的人萌生殺人的衝動。渡邊一向理智且冷靜，當他突然展現出情緒激動的一面，讓我覺得很震撼，所以一直都記得這個場景。無差別殺人就是這種感覺壓抑或情緒隔絕的感受吧！

根據研究指出，有不少人都曾產生明顯的殺人念頭，就連所謂的好人，也曾幻想過謀殺人的細節。

你也曾想要殺人嗎？如果是，想必你內心有不少壓力吧！一般人多半認為心中的想法並不等於行為，要確實付諸行動才會造成壞的結果，因此會說：「我只是想一想應該沒有關係吧？」雖然沒有真的採取行動，但不好的念頭、壞的想法一樣會對我們產生影響。

言外之意

就如字面所說，我要親手結束掉你的生命。

長久以來，你受盡不公平的對待，對方在精神甚至是肢體上對你暴力相向，於是你逐漸累積許多的鬱悶、不滿，這些情緒最後會累積成憤怒與恨意，於是你想要毀滅對方。你認為消滅讓你痛苦的根源，就可以獲得解脫。

溫馨提醒

有多少人能接受揚言要殺了自己的人呢？這句決絕的話充分表達出說話者的決心、憤怒以及恨意。就算被威脅恐嚇的人誠心想化解紛爭，解決問題，也會驚懼惶恐到退避三舍。

**換個做法會更好**

人可以抑制原始本能的衝動並獲得自由。所謂的自由，並不一定要有出乎意料的反轉或結局，有時也可以單純只是「能停下來」——衝動是忍得住的，說話不要只憑一時而不經過大腦，覺得不對的事情就要馬上踩煞車。

然後，你可以做出不同的選擇，選擇修復自己的傷口，而不是無止境地讓那些憤怒控制你。那些修補，就是對自己的愛。相信自己擁有力量，可以好好對待自己。

## 我要殺了你！

破壞力 ★★★★★
後座力 ★★★★★
不負責任程度 ★★★★★

## 我要去死

### ——如果你不希望我死，就乖乖按照我說的去做——

殺人或自殺是情緒表達的最終極形式。能快速且有效解決衝突的方法，就是拿對方認為重要的事物加以威脅。

有些情侶在感情變淡後想要分手，若對方遲遲不肯答應，最後就會賭上對於對方來說也很重要的事，那就是自己的性命，用以死相逼的方式，企圖挽回戀情。

敢說出這種話的人，馬上就會在爭執中占上風。與他吵架的人，本來情緒激動、講話很衝，但聽到對方這麼說之後，也會因為情況實在太出乎意料，令他措手不及而退縮。

因為擔心心愛的人受到傷害，因此改變了原本盛氣凌人的態度。但是，這種因為擔心放話者真的會去死而採取的妥協或讓步，只是一時的權宜之計，並非真心，在他的心裡已經產生陰影，甚至萌生分手的意圖了。

此外，當情感暴力或情緒勒索逐漸演變成一再重複的模式，會令雙方都感到疲乏，於是放話者為了增強力道，讓對方再次重視自己，會進一步採取更激烈的行動。一開始可能只是輕微脫序的行為，到後來，他會斷然放棄重視的事物，甚至連命也不要了，完全展現出自己「說到做到」的決心，變成弄假成真的悲劇。

**言外之意**

**怕了吧？我就是要讓你害怕！**

不珍惜自己寶貴生命的人（不論他表示有多喜歡你）也極可能會用同樣的方式對待他人。我們都應該先好好愛自己，別人才有可能愛你。

此外，被憤怒沖昏頭而丟出這句話的人也要有心理準備：這段關係，勢必難以破鏡重圓了。

**溫馨提醒**

只有「我」才有傷害與摧毀自己的權利，但自我毀滅無法獲得任何東西，唯一能得到的就是個人的毀滅而已。

同樣地，將自己當作維持關係的人質也沒有意義，即使幸運地靠這種方法挽留了對方，「自我毀滅」的代價依然要由自己承受。

**換個做法會更好**

❶ 上述的方法對於維持關係完全不具任何效果，即使有也是反效果。假如你對未來感到絕望，了無生趣，與其凡事都憋在心裡，還是要找人傾吐，讓無處宣洩的情緒有所抒發，才是正確的做法。

❷ 會以死相逼的人，在某種程度上已經可以算是有精神疾病了。在親密關係中，不論發生在異性或同性間，如果一方針對另一方的任何過度控

觸覺篇

制或攻擊行為，無論是以言語、情感、身體、性關係或綜合形式出現，都可以稱為「分手暴力」。

對於肢體暴力，大家都能夠明白其定義，但對於言語、情感和性方面的暴力，則還很模糊。企圖以死相逼，不管是威脅對方還是自己的生命，都是一種情緒暴力，希望以最極端的手段來挽回感情，或逼迫對方順從自己的意願。

如果發現自己具有這種心態，且付諸行動的意願非常強烈，那麼請先按下暫停鍵，把自己的想法告訴要好的朋友或家人，他們或許會給你一些意見，至少可以給你精神或情緒上的支持與鼓勵。最好可以尋求心理方面的專家，例如學校的輔導老師或是身心科的醫生。

或許你會覺得去看身心科醫生感覺像是自己的精神狀況不太正常，怕被人嘲笑。那麼這麼想好了，你在非常痛苦的時候，最希望的就是情緒能恢復平靜，而你想要別人順你意的最終目的，也是希望能擺脫不安與焦慮。在這些方面，精神科醫生或心理師可以藉由藥物或心理諮商分析，讓你回歸正常生活。

同樣地，如果是你的戀人威脅到你的生命，也請務必尋求他人的協助。或者，當你的好友、家人告訴你他想要威脅他人生命或終結自己的生命時，先讓對方冷靜下來，然後與他們一同尋求協助，這樣將會阻止一場可怕的悲劇。

❸雖然我不想用這種老套的話語來做結尾，但真理總是很簡單，而且都是我們已經知道的事情，那就是：你的存在就是奇蹟——這比考進首爾大學的機率還低。

即使你覺得人生不再像以往那樣值得珍惜，我仍希望你能努力地繼續生活。雖然我並不確定苦難的日子即將結束，但我能向你保證，日後你將體認到現在這個時刻必然有它的意義。

後記

# 你想住在什麼樣的房子裡？

請你畫出「看到這世上最骯髒、可怕又噁心的場景」，而且畫得越詳細越好。

你是否發現自己在畫畫的過程中，臉上也會做出如畫中一樣的表情？

我小時候的夢想是成為漫畫家。有次我十分投入，畫到一半突然發現，我正在揣想畫中人物的情緒，並做出類似的表情。（還是那個人物在學我？）後來我知道，許多漫畫家在畫故事中的角色時，也會不自覺地融入其中。

我在寫本書時，起初還需要刻意想像自己聽到或說出那些傷人話語時的狀況和情緒，但後來我越來越投入，就很難產生正面的想法了，就像我已經和自己所畫的漫畫人物合而為一那樣。我寫這本書有多辛苦，要脫離就有多困難。

就如同畫畫時，臉上會做出如畫中的表情般；你頭腦裝著什麼樣的言語，就反映出你是何種性格。美國詩人艾拉・惠勒・威爾考克斯（Ella Wheeler Wilcox）曾說：「當你笑時，這世界會與你一同歡笑。」這句話很有道理。或許我沒有改變世界的力量，但這世上肯定有能改變日常的話語。

ᗝ ᗝ ᗝ

在電影《美國殺人魔》（American Psycho）中，華爾街既年輕又成功的金融人士每次在開會時，都會進行「名片對決」。他們互相比較名片的字體、顏色、材質等，就像在賭博時翻開覆蓋的牌那樣，輪流秀出各自的名片，然後自吹自擂，說自己的名片最好看。當天獲得優勝的主角會得意地笑著回家，而落敗的人則覺得自己很卑微渺小，倍感挫折。主角貝特曼在這樣的過程中，甚至還產生想殺人的衝動。

電影《明天別再來敲門》（En man som heter Ove）中也出現類似的場景。主角歐弗在妻子去世後，對人生已沒有任何留戀，每天都試圖自殺。即使萬念俱灰，了無生趣，但當看到他的鄰居兼好友換新車時，心情依然會因為嫉妒而受到影響。

在現實中也是如此。例如男人一旦入伍當兵，就會拚命與同儕比較軍服的皺褶數量、帽簷的角度，又或軍靴是否光亮到能當鏡子等瑣事。更有甚者，還會因為朋友買了新的名牌，羨慕到輾轉難眠；或是與聰明能幹又相貌出眾的同事相比，就自慚形穢，沮喪萬分。

就像這樣，人和人的關係，很容易受到地理環境或位置的影響。俗話說：「看到親戚買地，就羨慕到肚子痛」，這種現象在心理學上稱為「鄰里效應」，顯示人身處的環境可以影響其思維和行為方式。

換個角度來看，我們也能影響周遭，且影響的程度會因為你是什麼樣的人而有所不同。如果你經常說傷人的話，那麼你身邊就會充滿負能量，而你又會被這些話語影響與干擾，如此形成惡性循環。相反地，如果你經常說好話、讚美他人，你也會吸引與你有相同特質的人。

相信現在你已經充分了解有哪些會讓人聽起來感到很不舒服、很難過或很反感的話語了。當然，這些話並非全都那麼討人厭，透過不同的人傳達，也可能會令人有不同的感覺，或許很有說服力，又或能充分表達說話者的意思，完全不會造成誤會。

你可能也會覺得：「如果真要遵循書裡所寫的守則，不就什麼話都不能說？這樣生活也太麻煩了吧？」但我想表達的是，如果各位能先理解這些詞句表面上傳達或意在言外所隱含的意義，肯定能減少誤解，化解紛爭，而我也期待這樣的嘗試能使諸位的人際關係變得更親密而溫暖。

言語是盛裝內心想法的器皿，或者也可以說，你就住在用自己話語所打造的房子裡。當你忍不住想說出令人討厭的話時，至少先回想一下本書曾提到的內容，讓自己的房子變得更美麗。

感謝你閱讀本書。

CF00442

# 這樣說話很傷人：關於白目、討人厭與情緒勒索的毒舌辭典

作　者—王高來
譯　者—張雅眉
主　編—郭香君
責任企劃—張瑋之
封面、內頁設計—葉若蒂
內頁排版—新鑫電腦排版工作室

編輯總監—蘇清霖
董事長—趙政岷
出版者—時報文化出版企業股份有限公司
108019台北市和平西路三段二四〇號四樓
發行專線—（〇二）二三〇六—六八四二
讀者服務專線—〇八〇〇—二三一—七〇五
（〇二）二三〇四—七一〇三
讀者服務傳真—（〇二）二三〇四—六八五八
郵撥—一九三四四七二四時報文化出版公司
信箱—10899臺北華江橋郵局第九九信箱

時報悅讀網—http://www.readingtimes.com.tw
綠活線臉書—https://www.facebook.com/readingtimesgreenlife
法律顧問—理律法律事務所　陳長文律師、李念祖律師
印　刷—勁達印刷有限公司
初版一刷—二〇二二年四月二十二日
定　價—新臺幣四〇〇元


時報文化出版公司成立於一九七五年，
並於一九九九年股票上櫃公開發行，於二〇〇八年脫離中時集團非屬旺中，
以「尊重智慧與創意的文化事業」為信念。

這樣說話很傷人：關於白目、討人厭與情緒勒索的毒舌辭典 / 王高來 著；張雅眉 譯. -- 初版. -- 臺北市：時報文化出版企業股份有限公司, 2022.04
面；　公分
ISBN 978-626-335-233-9（平裝）
1.CST: 人際傳播　2.CST: 說話藝術　3.CST: 溝通技巧
192.32　　111004243

후회 방지 대화 사전 by 왕고래

First published in Korea in 2021 by Whale Books

This edition published by arrangement with Whale Books
through Shinwon Agency Co., Seoul

ISBN 978-626-335-233-9
Printed in Taiwan